„. . . für tüchtige Meister und Arbeiter rechter Art"

Eisenheim – Die älteste Arbeitersiedlung im Ruhrgebiet
macht Geschichte

„. . . für tüchtige Meister und Arbeiter rechter Art"

Eisenheim – Die älteste Arbeitersiedlung im Ruhrgebiet
macht Geschichte

1996
Rheinland-Verlag · Köln
in Kommission bei
Dr. Rudolf Habelt · Bonn

Landschaftsverband Rheinland
Rheinisches Industriemuseum
Schriften, Band 12

Rheinland-Verlag GmbH · Köln · 1996
© Rheinland-Verlag- und Betriebsgesellschaft
des Landschaftsverbandes Rheinland mbH
Abtei Brauweiler, Postfach 2140
50250 Pulheim

Autorin:
Dorit Grollmann

Redaktion:
Milena Karabaic, Regine Schumacher

Herstellung:
Angela Wieland

Lithographie und Druck:
Druckhaus B. Kühlen KG, Mönchengladbach

Titelfotos: Berliner Straße Nr. 10, Familie
Weinand aus der Eifel (zehn Kinder), um 1924;
Geschäftsschreiben der JHH: Bauantrag für
Eisenheim, 1846 von Wilhelm Lueg erstellt.

ISBN 3-7927-1606-2

Gedruckt auf Recycling-Papier „Öko-Art matt"

Fast alle Gebäude des Rheinischen Industriemuseums haben die Karriere von zeitgenössischer Fabrikarchitektur zum städtebaulichen Schandfleck, weiter zum Abrißkandidaten und schließlich zum architekturhistorischen Denkmal durchlaufen.

Diese Erfahrung gilt noch mehr für die Arbeitersiedlung Eisenheim. Vor allem, wenn man auf ihre jüngere Geschichte schaut, dann war sie doch beinahe drei Jahrzehnte dem Abrißwahn der 50er und 60er Jahre ausgesetzt. Daß dies so nicht geschah, ist unter anderem auf sich gegenseitig blockierende Planungen zurückzuführen. Es waren aber gerade diese Planungsblockaden, die den nötigen Zeitgewinn schufen, damit sich ein anderes Bewußtsein von Architektur und ihrer Geschichte bilden konnte.

Viele trugen schließlich dazu bei, daß Eisenheim unter Denkmalschutz gestellt wurde, daß sich eine Initiative und ein Quartierrat bildeten, daß Herr Prof. Günter mit einer Arbeitsgruppe von der FH Bielefeld wichtige Forschungsarbeit leistete und die Ergebnisse sowohl für die Bewohner als auch für die Publizistik aufbereitete.

Seit den 70er Jahren war nicht mehr von den häßlichen Altbauten die Rede oder gar vom Auslöschen der „Koloniezeit". 1982 konnte die Initiative Eisenheim auf zehn erfolgreiche Jahre zurückblicken. Sanierungsmittel wurden bereitgestellt, und die Architekturgeschichte konnte in den sechzig Jahren der Bauzeit in der Arbeitersiedlung Eisenheim so etwas wie ein „lebendiges Museum" entdecken.

Zum Jubiläum der Arbeitersiedlung hat das Rheinische Industriemuseum sein Volksmuseum im „Waschhaus" völlig neu gestaltet. Es wird damit ein kleiner Beitrag zur Geschichte der Arbeitersiedlung geleistet und auch Respekt all denen gegenüber ausgedrückt, die zum Erhalt der Arbeitersiedlung beigetragen haben.

Für ein Museum mit dem Wort „Sozialgeschichte" in seinem Namen gibt es in Oberhausen keinen besseren Ort, als hier mit einer kleinen Filiale präsent zu sein. Gerade weil es sich „nur" um das Waschhaus handelt, geht es eben nicht darum, einen ganzen Stadtteil zu musealisieren oder gar zu einem Wohn- oder Häuser-Zoo werden zu lassen. Vielmehr möge Eisenheim so lebendig bleiben, wie es ist und wie es war.

Das Erinnern an 150 Jahre Eisenheim und auch das Erinnern an den Kampf um seine Erhaltung hat in den 70er Jahren viele Initiativen andernorts bestärkt, sich auch für ihre Quartiere einzusetzen. Das Beispiel Eisenheim mag vielleicht gerade heute ermutigend in den alten Industrieregionen Ostdeutschlands wirken. Es könnte Vorbild dafür sein, daß Bewohner und politisch Verantwortliche sich auch dort zusammenfinden, um Bausubstanz und ein Stück Architekturgeschichte zu erhalten, nicht zuletzt damit auch einem menschenwürdigen Leben und Wohnen im Quartier Raum gegeben wird.

Prof. Dr. Rainer Wirtz
Direktor des
Rheinischen Industriemuseums

Wenn man heute durch die Siedlung Eisenheim geht, über die Hofwege und durch die Gärten, fallen die vielen Satelliten-Schüsseln ins Auge. Sie gehören vor allem den türkischen Mitbewohnern, die mit diesen Antennen ihre heimatlichen Sender empfangen können. Auch heute leben in Eisenheim also „Fremde", so wie es seit der Gründung vor 150 Jahren immer Fremde in Eisenheim gab. Sie wurden geholt, teilweise sogar geködert, weil man Arbeitskräfte brauchte, und immer wieder begegneten ihnen in der neuen Umgebung die Vorbehalte der Eingesessenen, selbst wenn diese erst wenige Jahre zuvor ebenfalls Neuankömmlinge gewesen waren. Spätestens mit der Ankunft neuer Zuwanderer waren sie dann integriert. Fremdenfeindlichkeit bei gleichzeitiger Integration: ein typisches Phänomen der Arbeitersiedlungen im Ruhrgebiet.

Wenn es allerdings darum ging, nach außen aufzutreten, zeigten sich die Eisenheimer als eingeschworene Gemeinschaft. Wer nicht in der Siedlung wohnte, vermied es, sie zu durchqueren. Ihre Bewohner entwickelten – wohl als Folge der isolierten Lage, aus der sie erst zu Beginn des Jahrhunderts im Zuge der Urbanisierung befreit wurden – ein spezifisches Selbstbewußtsein. „Ich bin ein ‚von' – einer von Eisenheim", betont noch heute ein ehemaliger Bewohner. Mittlerweile ist Eisenheim schon lange ein gleichberechtigter Ortsteil Oberhausens geworden, doch viele der älteren Bewohner bedauern, daß die charakteristische Lebensform der Siedlung verlorengegangen ist.

Die Siedlung Eisenheim ist heute überregional bekannt. Zwei Besonderheiten verdankt sie ihre Bedeutung. Spätestens seit der Jahrhundertwende gilt Eisenheim als älteste Arbeitersiedlung im Ruhrgebiet, ein einmaliges Attribut, auf das die Arbeiterinitiative zurückgriff, als sie in den 1970er Jahren die drohenden Abrißpläne beiseite schieben konnte. Außerdem war Eisenheim Ausgangspunkt, ja Initiator einer überregionalen Bewegung, die sich gegen die Kahlschlagsanierung von als überaltert geltenden Wohnungen wehrte. Sie setzte damit einen Denkprozeß in Gang, der die heutige Bewertung des Siedlungsbaus entscheidend beeinflußte. Man erkannte die Vorteile dieser Wohnform, und wir sprechen heute nicht mehr von „Kolonie" – ein eher abwertender Begriff –, sondern von der „Siedlung".

In diesem Jahr wird Eisenheim 150 Jahre alt: ein Grund zum Feiern! Mit dieser Veröffentlichung leistet das Rheinische Industriemuseum seinen Beitrag zum Jubiläum. Sie soll Schlaglichter auf die Geschichte der Siedlung werfen und Eindrücke vom Alltag ihrer Bewohner vermitteln. Daher werden die jeweiligen Kapitel durch einen thematischen Fototeil ergänzt. Dies war nicht ohne die Unterstützung der Eisenheimer möglich, die in ihren Familienalben geblättert haben und uns viele interessante Stükke zur Verfügung stellten. Bei ihnen möchten wir uns sehr herzlich bedanken!

Eisen, Stahl und Kohle

Von der JHH zur GHH: Die Entwicklung des größten Industriebetriebs in Oberhausen

„Eisenheim" – der Name ist zugleich Programm und beantwortet die Frage, warum die Siedlung im wahrsten Sinne des Wortes aus dem (Acker-)Boden gestampft wurde: Mit dem Bau von Werkswohnungen schuf das Eisen- und Stahlunternehmen Jacobi, Haniel und Huyssen (JHH) – die spätere Gutehoffnungshütte (GHH) – ein neues Heim für seine Arbeiter. Nicht nur der Ursprung dieser ältesten Arbeitersiedlung im Ruhrgebiet steht in unmittelbarem Zusammenhang mit dem Aufstieg des Werkes. Auch das weitere Schicksal Eisenheims, Ausbau und drohender Niedergang, ist eng mit der Geschichte der Hüttengewerkschaft verknüpft.

Die Geschichte von Werk und Siedlung ist Teil des Industrialisierungs- und Urbanisierungsprozesses der gesamten Region. Als die ersten Häuser der Siedlung errichtet wurden, existierte noch nicht einmal eine Gemeinde Oberhausen. Die Entwicklung zur Industriestadt als Teil der Ballungsregion Ruhrgebiet setzte erst einige Jahrzehnte später ein, nahm dann allerdings einen rasanten Verlauf. Bei der 1874 gegründeten Stadt Oberhausen handelt es sich um die Zusammenfassung von Arbeitersiedlungen, Geschäftsstraßen und verschiedenen Werksanlagen, sie erfolgte auf Betreiben der Industrie und wurde von ihr entscheidend geprägt. Kohle, Eisen und Stahl, verkörpert durch den mächtigen GHH-Konzern, bestimmten nicht nur Gründung und Entwicklung Oberhausens, sondern stellten bis in die 70er Jahre unseres Jahrhunderts die wirtschaftliche Existenzgrundlage dieser Stadt dar.

Am Anfang: drei Hütten

Die Geschichte der GHH reicht bis in die zweite Hälfte des 18. Jahrhunderts zurück, als in Osterfeld und Sterkrade Raseneisenerz gefunden wurde. Damals entstanden drei kleine Hüttenbetriebe, die in Konkurrenz zueinander standen: die 1758 gegründete St.-Antony-Hütte in Osterfeld, die 1781 errichtete Hütte Gute-Hoffnung in Sterkrade und schließlich die Eisenhütte Neu-Essen an der Emscher, nahe dem Schloß Oberhausen. Sie nahm zehn Jahre später den Betrieb auf.

In den Hüttenwerken wurde das Raseneisenerz geschmolzen, indem man die aus den naheliegenden Waldungen gewonnene Holzkohle in Schmelzöfen verfeuerte. Auch die Wasserkraft spielte bei diesem Vorgang eine wichtige Rolle: Sie trieb die Blasebälge der Öfen an. Anschließend wurde das erschmolzene Roheisen weiterverarbeitet und verkauft. Doch schon bald stellte sich heraus, daß weder der Vorrat an Holzkohle noch an Raseneisenerz für die Betriebe ausreichten. Schließlich gelangten die Hüttenwerke durch Verkauf in den Besitz der Brüder Franz und Gerhard Haniel, des Hütteninspektors und späteren Direktors Gottlob Jacobi sowie des Essener Oberbürgermeisters Heinrich Huyssen, die übrigens alle durch Heirat miteinander verwandt waren. 1808 einigten sie sich auf den Zusammenschluß der drei Stammwerke, der 1810 notariell beglaubigt wurde – die Hüttengewerkschaft und Handlung Jacobi, Haniel und Huyssen (JHH) war damit gegründet.

Die Eisenbahn kommt

Mit der Übernahme durch die neuen Besitzer änderte sich auch die Nutzung der drei Hütten. Die Eisenhütte Neu-Essen wurde 1812 zu einem Hammerwerk, die Antony-Hütte 1843 zu einer Gießerei umgebaut. Kern des neuen Unternehmens war die

Gute-Hoffnungs-Hütte mit Eisengießerei und Hochofenbetrieb. Zunächst lieferte die JHH vor allem Einzelteile von Dampfmaschinen. Bereits 1814 und 1819 baute man Dampfmaschinen für den eigenen Betrieb und schon ein Jahr später eine eigene Maschinenfabrik.

Den eigentlichen Durchbruch erreichte die JHH allerdings erst Ende der 30er Jahre. Als 1836 die erste Eisenbahnstrecke in den westlichen preußischen Provinzen, die Düsseldorf-Elberfelder-Bahn, eröffnet wurde, verlagerte die Hüttengewerkschaft ihren Schwerpunkt von der inzwischen technisch veralteten und international kaum konkurrenzfähigen Roheisenproduktion auf die Herstellung von Schmiede- und Walzerzeugnissen. Schnell war das Eisenbahngeschäft so wichtig geworden, daß es in der GHH-Werkszeitung von 1936 rückblickend heißt: „. . . Ende der dreißiger bis Mitte der vierziger Jahre nimmt die Korrespondenz mit den Eisenbahngesellschaften einen solchen Raum ein, daß man zeitweise den Eindruck erhält, die Hütte betreibe nur noch die Erzeugung von Eisenbahnbedarfsartikeln."

Überhaupt spielte die Eisenbahn für das Werk und die Region eine große Rolle: Sie war nicht nur ausschlaggebend für die Expansion der JHH und somit auch für die Gründung Eisenheims, sondern ebenso eine Verbindung zwischen den verstreut liegenden Betrieben der JHH und ein wichtiges Transportmittel. Die Eisenbahn bildete auch den Ausgangspunkt für die Entstehung der Stadt Oberhausen. Als die ersten Häuser Eisenheims 1846 gebaut wurden, erreichte die Cöln-Mindener-Eisenbahn mit ihrer Streckenführung die Werke der JHH. Die Eisenbahngesellschaft legte einen Bahnhof in der öden Lipperheide an, den

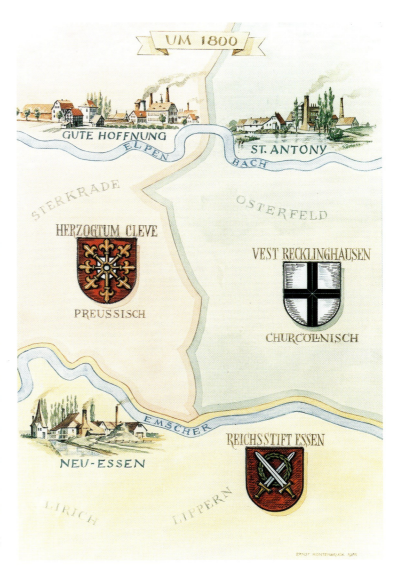

sie nach dem nahegelegenen Schloß „Oberhausen" nannte.

Am 19. November 1846 berichteten die „Essener Politischen Nachrichten" ausführlich über die Eröffnung der Strecke von Duisburg über Alstaden, den neuen Bahnhof Oberhausen und Borbeck bis Haus Berge:

„Bei dem Rückzug stieg die Gesellschaft, an 80 Personen, zu Oberhausen aus, besichtigte die großartigen Eisenwalz- und Hammerwerke der Herren Jacobi, Haniel und Huyssen und nahm daraufhin ein von dieser Gewerkschaft angebotenes Frühstück oder Mittagessen ein. Bei dieser Gelegenheit sprach u. A. der Herr Hüttendirector Lueg von der großen Wichtigkeit der eben befahrenen Bahnstrecke, wie sie die wilde Ruhr kunstvoll und kühn überschritten, die Sümpfe der Lipperhaide nicht gefürchtet hätte, und wie bald über sie hin die Schätze des Essener und Bochumer Kohlenreviers dem Rhein zugeführt werden würden. Von dem Bahnhof in der ehemaligen öden Lipperhaide werde man dann im fliegenden Zuge hierhin und dorthin, wie nach Mülheim, Ruhrort, so nach Köln, Amsterdam, Berlin ec. bringen; über einige Jahre werde man nicht mehr denken können, daß jüngst noch so öde Haide hier war. Die Direction wolle aber auch, wohlüberlegt, den Haidenamen vertilgen und den Bahnhof darin ,Oberhausen' nennen. Der Redner rühmte die Energie und großen Leistungen der Direction der Köln-Mindener-Eisenbahn, welche das große Werk so rasch fördere, und die ganze Gesellschaft stimmte laut und herzlich einem dreimaligen Lebehoch bei. Hierauf nahm Herr von Wittgenstein, Präsident der Direction, das Wort, äußerte sich anerkennend und rühmend über die großen und zeitgemäßen Fortschritte der Industrie und gedachte dabei der freundlich bewirthenden Gewerkschaft der Herren Jacobi, Haniel und Huyssen. Herr Hugo Haniel aus Ruhrort dankte im Namen dieser Gewerkschaft, indem er lebhaft die Verdienste der Beamten der Eisenbahn, die an der eröffneten Bahnstrecke so eifrig und kunstgerecht gewirkt hätten, hervor hob. Das Fest war durch Heiterkeit belebt. Die Bedeutung desselben für unsere ganze Gegend ist nicht zu verkennen."

Die „Alte Walz"

Um dem wachsenden Bedarf an Schienen und anderen Metallwaren nachzukommen, baute die JHH ein Puddel- und Walzwerk, das schnell zum bedeutendsten Betrieb des Unternehmens aufstieg. Dank der überlieferten Pläne und Zeichnungen wissen wir sehr genau, wie die „Alte Walz" in ihrer Blütezeit um 1860 aussah. Im Museum Eisenheim befindet sich ein detailgetreues Modell mit über 20 Gebäuden im Maßstab 1:2 000.

Begonnen hatte alles mit der alten Korn- und Lohmühle des Grafen Westerhold, die von der Wasserkraft der Emscher angetrieben wurde. Das Gelände an der heutigen Essener Straße, nahe dem Gasometer, hat-te die JHH gepachtet. Nach dem Umbau der Mühle zum Walzwerk für Eisenbleche (1828) wurden dort zunächst ausschließlich Dampfkesselplatten produziert. Es folgten 1835 ein Stabeisenwalzwerk und ein Jahr später ein Puddelwerk mit anfänglich vier Puddel- und zwei Schweißöfen. 1842 begann die Herstellung von Eisenbahnschienen in einem neu erbauten Schienenwalzwerk. Die JHH hatte ihre Chance erkannt und stieg erfolgreich in das Eisenbahngeschäft ein. „Überall", so heißt es 1845 in den Geschäftsberichten, „werden Schienen begehrt, wir könnten mit 30–40 Puddelöfen arbeiten". Aus diesem Grund erweiterte und modernisierte die Hüttengewerkschaft das Puddel- und

Walzwerk ständig. Schon Ende der 40er Jahre war es – vor der Ruhrorter Schiffswerft, dem Hammer Neu-Essen, der Gute-Hoffnungs-Hütte und der St.-Antony-Hütte – zum profitabelsten Betrieb der JHH geworden. Seine herausragende Bedeutung kommt in einem Vergleich der Belegschaftszahlen deutlich zum Ausdruck: Bereits im September 1846 arbeiteten mehr als die Hälfte der insgesamt 2 000 Beschäftigten der JHH auf der „Alten Walz".

Obwohl das Werk seit 1847 einen direkten Gleisanschluß an die Cöln-Mindener-Eisenbahn hatte, wurde die erste Werkslokomotive erst acht Jahre später in Betrieb genommen. Bis dahin erfolgte der Transport des Materials innerhalb des Betriebsgeländes noch mühsam mit einem mehrspännigen Pferdefuhrwerk.

In den 80er Jahre verlor das Werk allmählich seine Spitzenstellung im GHH-Konzern. Seit 1885 wurden die Puddelöfen

Abb. 2. Der erste Bahnhof „Oberhausen" von 1846, um 1900.

Abb. 3. „Puddlings-werk, Hochofen und Steinkohlenberggruben Oberhausen", um 1860. Im Vordergrund ist die „Alte Walz" abge-bildet.

stillgelegt und schließlich das gesamte Pud-delwerk außer Betrieb genommen. Das Bessemer-Verfahren, eine einfachere und effizientere Technik zur Umwandlung von Roheisen in Stahl, hatte das Puddeln abge-löst.

Nach dem Abriß des Puddelwerks wur-den während des Ersten Weltkriegs Granatstahlblöcke für Unterseeboote auf der „Alten Walz" produziert. Zuletzt be-fanden sich auf dem Gelände an der Esse-ner Straße vor allem Lagerhallen, bevor Anfang der 90er Jahre mit dem Bau der „Neuen Mitte Oberhausen" auch die letz-ten noch verbliebenen Spuren des einst-mals sehr bedeutenden Werks der GHH verschwanden.

Viele Geschichten und Anekdoten sind von der „Alten Walz" überliefert. So be-richtet ein ehemaliger Arbeiter sehr an-schaulich über eine beliebte Werkseinrich-tung, den Bierkeller:

*„Obwohl die damalige Gefolgschaft in gewissen Perioden des Arbeitsprozesses harte Arbeit verrichten mußte, so gab es doch manche Viertelstunde, namentlich in der Zeit des Anwärmens der Pakete auf Schweißhitze oder während des Schmelzprozesses der Charge im Puddelofen, in der die Erholung und die Gemütlichkeit die Hauptrolle spielten. Diese Annehmlichkeiten wurden aber nicht an der Arbeitsstelle ausgetragen, sondern, da alle tüchtigen Puddler, Schweißer und Walzer immerfort großen Durst hatten, wurde die Freizeit benutzt, um im Bierkeller des Alten Walzwerks sich schnell ein oder auch zwei halbe Liter zu 14 Pfennig pro Liter gutes süffiges Bier hinter die Binde zu gießen, um dann gestärkt der Arbeit gewachsen zu sein, die sich inzwischen neu ergeben hatte. Dieser Durst wiederholte sich meist mehrmals am Tage, so daß es Zeiten gegeben haben soll, wo an einem Tag 6–8 Hektoliter Bier ausgeschenkt worden sind und der Zapfer (genannt Bier-Fritz) mittags oder abends kaum Zeit fand, das zu seiner Tätigkeit gehörende Läuten der Pausenglocke rechtzeitig auszuführen."
(Erlebnisse des Walzwerks Oberhausen in den letzten 50 Jahren. Auszug aus der GHH-Werkszeitung Nr. 7/1935.)*

Vielleicht war dieser beträchtliche Alkoholkonsum mit seinen Folgen der Grund für die Schließung des Bierkellers in den 1890er Jahren. Das Angebot, statt dessen unentgeltlich Kaffee sowie Tee mit Zucker zu bekommen, fand offenbar wenig Anklang, denn trotz eines ausdrücklichen Verbots gab es häufig Beschwerden darüber, daß sich Arbeiter Branntwein mitbrachten.

Was ist „Puddeln"?

Der Begriff „Puddeln" bezeichnet ein neues Verfahren zur Stahlerzeugung, das der Engländer Henry Cort 1784 patentieren ließ. Dabei wurde das spröde Roheisen, das nur begrenzt weiterverarbeitet werden kann, in formbaren Stahl umgewandelt, bevor man es zu Schienen oder Blechen auswalzte. Beim Puddeln ließ sich Steinkohle verwenden, so daß man nicht länger auf die knappe Holzkohle angewiesen war. Den komplizierten Produktionsprozeß beschreibt ein ehemaliger Arbeiter:

„Wenn die Beschickung des Puddelofens dann vorgenommen wurde, mußte der sogenannte Fuchsjunge die Roheisenmasseln, Schrottabfälle, Drehspäne usw. heranschaffen und von jeder Sorte die vorgeschriebene Menge auf einer besonders dazu vorhandenen Waage abwiegen lassen. Der Einsatz für eine Charge betrug im Durchschnitt 300 Kilogramm und wurde bei lebhaftem Feuer binnen einer guten halben Stunde zum Schmelzen gebracht. Die Aufgabe des Puddlers bestand nun darin, durch Rühren mit einem Haken die auf dem Bad sich ansammelnde Schlackendecke auseinanderzuziehen, um so die Feuergase immer wieder mit dem flüssigen Eisen in Berührung zu bringen. Mit der Steigerung der Temperatur wurde das Bad zum Kochen gebracht, die flüssige Masse füllte schließlich den ganzen Ofenherd. Allmählich begann das Metall zu erstarren und nach und nach zu Klumpen zusammenzuschweißen. Diese Klumpen wurden mittels einer schweren und langen Eisenstange aufgebrochen und umgesetzt und schließlich der ganze Inhalt des Ofens auf einen Haufen gebracht. Jetzt setzte das Luppenmachen ein, indem der Puddler von dem zusammengefügten Eisenballen einzelne Stücke losbrach und diese mit seiner Stange auf dem Herd so lange hin und her rollte, bis dieselben eine Kugelgestalt angenommen hatten [. . .] Sobald aber eine Luppe fertig gerollt war, hatte der Fuchsjunge eine Transportkarre für die glühende Luppe bereitzuhalten und diese zum Dampfhammer zu fahren. Hier wurde die Luppe solange mit dem Dampfhammer von allen Seiten bearbeitet, bis fast der letzte Rest der Schlacke herausgepreßt war und die Luppe die Form eines kleinen Blockes angenommen hatte. Nun wurde der kleine Block zur Luppenwalzenstraße geschleppt und dort zu einer Rohschiene ausgewalzt. Hiermit war die Arbeit im Puddelwerk beendet." (Erlebnisse des Walzwerks Oberhausen in den letzten 50 Jahren. Auszug aus der GHH-Werkszeitung Nr. 7/1935.)

Das Verfahren war sehr aufwendig und erforderte vom Puddelmeister sowohl enorme körperliche Kraft als auch Erfahrung und hohe Qualifikation. Der Puddler war, wie es in zeitgenössischen Beschreibungen heißt, daher ein „besonderer und relativ seltener Typ".

Roheisenproduktion und Bergbau

Parallel zu ihrem Engagement im Eisenbahngeschäft bemühte sich die JHH, Verfahren zur Verkokung der Ruhrkohle zu entwickeln, um so die eigene Rohstoffversorgung zu sichern. Denn die Vorräte an Holzkohle wurden knapp, man war vom Roheisenimport abhängig. Die Roheisenproduktion hatte im Laufe der Zeit immer mehr an Bedeutung verloren, zu Beginn der 40er Jahre war der letzte Hochofen auf der St.-Antony-Hütte stillgelegt worden.

Als es 1849 – nicht der JHH, sondern der Friedrich-Wilhelm-Hütte in Mülheim – gelang, aus der Ruhrkohle einen für die Erzverhüttung brauchbaren Koks herzustellen, entschloß sich 1853 auch die Hüttengewerkschaft, wieder in die Roheisenerzeugung einzusteigen. 1855 wurde bei der JHH der erste nur mit Steinkohle beschickte Hochofen angeblasen, dem in den folgenden fünf Jahren drei weitere folgten. Bis

Brüder laßt uns fröhlich singen;
Fabriker laßt heut laut erklingen:
Oberhausens Jubellied!
Fünf und zwanzig Jahr' sind's eben,
daß für Arbeit kühnem Streben
Unser Werk gegründet ist.

Im Jahr achtzehnhundert fünf und dreißig
da arbeitete man ganz fleißig
An dem schönen Emscherfluß:
man grub große, tiefe Graben,
Wie's die Herren wollten haben:
Für der Fundamente Guß.

Als die Fundamente fertig,
Ward gebaut ganz stolz und kernigt
Unser schönes Puddlingswerk:
Wasserrad, Maschin.' und Walzen,
Schornstein, Oesen, Räder, Hammer,
Alles, was dazu gehört.

Am 6. Mai achtzehnhundert sechs und dreißig
Frischte Hassendeufel fleißig
An dem Ersten Puddelsatz!
Es ward geschafft, geheizt, geschmiedet
Und gewalzt ganz unermüdet;
Feuer-Arbeit ging wie Spaß.

Die Herrn   J a c o b i, H a n i e l, H u y s s e n,
Und Herr   L u e g   , die wollten wissen
Was der Deutschen Kunst wohl wär'.
Nicht aus Englands, Frankreichs Hütten,
Wollt'n sie Eisen mehr erbitten;
Sondern 's selber stellen her.

Im Laufe von fünfundzwanzig Jahren,
Haben die Deutschen viel erfahren
In der Eisen-Fabrik Kunst.

Abb. 4. Als man 1860 das 25jährige Bestehen des Puddelwerks feierte, trugen die „Fabrik-Männer zu Oberhausen ein Jubellied" unter dem Motto „Arbeit und Frohsinn verlängert das Leben" vor. Im Text werden auch die Fortschritte bei der Roheisenproduktion beschrieben.

1863 wurde die Eisenhütte I mit zunächst sechs, später dann insgesamt zehn Hochöfen errichtet, um die Jahrhundertwende schließlich die Eisenhütte II.

Seit 1864 besaß die JHH mit der Maschinen- und Brückenbauabteilung in Sterkrade ein weiteres wichtiges Standbein. Vor allem aber begann in der zweiten Hälfte des 19. Jahrhunderts die große Zeit des Steinkohlebergbaus. Mit der Abteufung des Schachtes Oberhausen Anfang der 50er Jahre erhielt die JHH die erste sogenannte Hüttenzeche. Zwanzig Jahre später folgte die Zeche Osterfeld, und seit den 90er Jahren ging es dann Schlag auf Schlag: Bei Ausbruch des Ersten Weltkriegs gehörten der GHH insgesamt sechs Zechen auf dem Gebiet der heutigen Stadt Oberhausen.

Zwischenzeitlich war allerdings auch die JHH von der Gründerkrise der 70er Jahre erfaßt worden. Die Folge war ein drastischer Beschäftigungsrückgang um fast ein Drittel in fünf Jahren. Nicht nur die negative wirtschaftliche Entwicklung, sondern auch die Zersplitterung der Firmenanteile als Folge des Erbgangs machten eine Veränderung der Unternehmensstruktur notwendig. Nach dem Tod des Hüttendirektors Wilhelm Lueg übernahm 1864 Carl Lueg die technische Leitung der Oberhausener Werke und Hugo Jacobi die der Sterkrader Werke. Am 1. Januar 1873 erfolgte die Umwandlung in den „Gutehoffnungshütte Aktienverein für Bergbau und Hüttenbetrieb in Sterkrade" mit einem Grundkapital von 30 Millionen Reichsmark.

Als die Krise überwunden war, setzte ein rasanter wirtschaftlicher Aufstieg ein, der sich in den Belegschaftszahlen und dem Anstieg der Kohleförderung widerspiegelt: Die Zahl der Beschäftigten stieg 1893 auf mehr als 10 000 und erhöhte sich bis zum Beginn des Ersten Weltkriegs noch einmal auf mehr als 30 000, die Kohleförderung belief sich bis 1873 auf 241 000 Tonnen, im Geschäftsjahr 1913/14 betrug sie 3,84 Millionen Tonnen Kohle, die Kokserzeugung 856 511 Tonnen. Damit war die GHH zum größten Unternehmen der Eisen- und Stahlindustrie in Deutschland aufgestiegen.

Vom Hüttenbetrieb zum Eisen- und Stahlkonzern

Zu Beginn des Ersten Weltkriegs nahm die GHH den siebten Platz unter den größten deutschen Unternehmen ein und bot eine breite Produktpalette an. Auch während des Krieges verlief die wirtschaftliche Entwicklung weiterhin positiv, obwohl die Gutehoffnungshütte im Gegensatz zu den regionalen Konkurrenten nur sehr verhalten in die Rüstungsproduktion einstieg, lediglich in den Sterkrader Werken wurden Kriegsgeräte hergestellt, in Oberhausen beschränkte man sich auf die Anfertigung von Geschossen. Diese Zurückhaltung kam ihr dann bei Kriegsende zugute. So setzte sich nach kurzer Zeit die Erfolgsbilanz weiter fort, die GHH erwarb bedeutende Betriebe des Maschinen- und Schiffbaus oder kaufte Firmenanteile – unter anderem an der M.A.N. (Maschinenfabrik Augsburg-Nürnberg) und der Deutschen Werft in Hamburg. Es bildete sich ein Konzern heraus, der von der Rohstofferzeugung bis zur Weiterverarbeitung alle Stufen der schwerindustriellen Produktion umfaßte.

Die GHH verfügte im Bereich der technischen Infrastruktur über ein in sich geschlossenes Verbundsystem. Es bestand aus einem weitreichenden Werksbahnnetz wie auch aus einer gemeinsamen Gasversorgung. Gichtgas, das beim Verbrennungsprozeß in den Hochöfen entstand, und Koksferngas aus den Kokereien wurde den verschiedenen Werken zugeführt. Ein umfassendes Wasserleitungssystem und ein Stromringnetz mit eigenen Kraftwerken ergänzten den Verbundbetrieb.

Ende der 20er Jahre erfaßten die Auswirkungen der Weltwirtschaftskrise auch die GHH. Die Firmenleitung sah sich zu rigiden Rationalisierungsmaßnahmen gezwungen. Bis 1938 ein neuer Produktionshöchststand erreicht wurde, kam es zur Stillegung oder Zusammenlegung von Zechen und Kokereien. Die Stadt Oberhausen meldete 1933 eine Arbeitslosigkeit von 30 Prozent, zwischen 1929 und 1933 ging die Zahl der GHH-Belegschaft von 30 000 auf 16 000 zurück. Diese Situation änderte sich seit 1933 durch die künstliche Arbeitsbeschaffungspolitik der Nationalsozialisten und die bald einsetzende Aufrüstung. Zwar beteiligte sich die GHH wie auch im Ersten Weltkrieg nur eingeschränkt an der Rüstungsproduktion, dennoch profitierte man deutlich von dieser Entwicklung. Und nicht zuletzt durch den Einsatz von Zwangsarbeitern erreichte die Produktion 1944 ihren Höhepunkt.

Konzernentflechtung

Die GHH-Werke waren vor allem in den letzten Wochen des Zweiten Weltkriegs teilweise zerstört worden, doch die eigentlichen Veränderungen bewirkten erst die Bestimmungen der Alliierten nach Kriegsende. Im Zuge der Konzernentflechtung der gesamten deutschen Montanindustrie wurden auch Organisation und Struktur des GHH-Konzerns zerschlagen. Die Verbundwirtschaft von Eisenhütten, Kohlebergbau, Verarbeitung und Handel wurde aufgehoben und – gegliedert nach Produktionszweigen – drei voneinander unabhängige Gesellschaften gebildet. So war eine Machtkonzentration, wie sie die GHH bis zum Zweiten Weltkrieg aufgebaut hatte, nicht mehr möglich.

Für die wirtschaftliche Entwicklung der Stadt Oberhausen blieben die Nachfolgegesellschaften der GHH, vor allem die Hüttenwerke Oberhausen AG (HOAG), auch nach dem Krieg entscheidend. Doch schon 1958 machten sich die ersten Anzeichen der Kohlekrise bemerkbar, gefolgt von den Krisen der Stahlindustrie. 1969 kam es zur Stillegung einiger Anlagen und zu Entlassungen der Mitarbeiter. Zehn Jahre später wurde die HOAG von der August Thyssen Hütte AG übernommen. Schließlich erfolgte 1986 der Stillegungsbeschluß für die gesamte Oberhausener Stahlindustrie.

Abb. 5. Arbeiter am Puddelofen Stahlwerk Eduard Dörrenberg und Söhne, Ründeroth, ca. 1920er Jahre.

Abb. 6. In der 2. Reihe von unten erkennt man einen Eisenheimer: Johann Weinand (vierter von links). Er starb 1943 mit 73 Jahren bei einem Luftangriff am Bunker.

Abb. 7. Die „Alte Walz" mit Gleisanschluß, um 1865. Im Hintergrund ragt der Turm der Pausenglocke heraus, die vom Bier-Fritz geläutet wurde.

*Abb. 8. Eisenhütte Oberhausen (später Eisen-
hütte I) in den 20er Jahren. Sie wurde ab 1854
mit 6 Hochöfen errichtet.*

Abb. 9. Höchstwahrscheinlich war Eisenheim auch
unter den Belegschaftsmitgliedern der Zeche
Osterfeld vertreten, die sich 1903 stolz dem
Fotografen präsentierten.

Abb. 10. Das Puddelwerk kurz vor dem Abriß 1903. Im Vordergrund ist noch der alte Emscherlauf zu sehen, der gut zehn Jahre später zugeschüttet wurde. Er hatte die Werksanlage geteilt: Das Puddelwerk lag rechts und das Walzwerk links der Emscher.

„ . . . freie Wohnung und ein Stück Garten"

Anfänge und Entwicklung des Werkswohnungsbaus bei der JHH/GHH

Oberhausen kann mit der ältesten Siedlung des Ruhrgebiets einen Zeitzeugen ganz besonderer Art vorweisen: Eisenheim erzählt Geschichte der Stadt sowie Geschichte der Industrie und dokumentiert gleichzeitig anhand der bestehenden Gebäude Formen und Typen des Werkswohnungsbaus.

In Deutschland begann man erst im 18. Jahrhundert damit, zunächst für Landarbeiter, dann auch für Bergarbeiter, Wohnungen zu bauen. Während es anfangs ausschließlich staatliche Initiativen gab, finden sich die ersten Beispiele für den privaten Bau von Arbeiterunterkünften zu Beginn des 19. Jahrhunderts. Um diese Zeit entstand zum Beispiel in Ratingen ein dreistöckiger Arbeiterwohntrakt bei der als ältesten Fabrik auf dem Kontinent geltenden Spinnerei Cromford.

Seit den 1820er Jahren, noch vor Gründung Eisenheims, stieg auch die JHH in den Werkswohnungsbau ein. Ein Siedlungsschwerpunkt lag in der Gemeinde Sterkrade. Die Siedlung Eisenheim wuchs innerhalb eines Zeitraums von nahezu 60 Jahren. Von 1846 bis 1903 kamen immer wieder neue Häuser und damit auch neue Haustypen hinzu. Im Verlauf dieser Zeit veränderte sich der Baustil, gab es verschiedene Bauphasen mit Gebäuden unterschiedlicher Größe, Ausstattung und Gestaltung. Eisenheim bietet daher kein einheitliches Bild. Obwohl während des Zweiten Weltkriegs einige Häuser zerstört und andere in den 1960er Jahren abgerissen wurden, kann die baugeschichtliche Entwicklung Eisenheims anhand zahlreicher Beispiele immer noch nachvollzogen werden.

Mehr als 10 Jahre nach dem ersten Bauabschnitt in Eisenheim entstand nahe der Zeche Oberhausen das sogenannte Knappenviertel mit 80 Häusern. Mit der einsetzenden Bergbaukonjunktur der 80er Jahre schossen weitere GHH-Siedlungen aus dem Boden. 1923 wurde die zentrale Wohnungsverwaltung der GHH gegründet, zuständig für die mittlerweile 18 Siedlungen in Sterkrade, Osterfeld und Oberhausen, die teilweise bis zu 100 Gebäude aufwiesen. Damit zeigt auch Oberhausen das für die ganze Region typische Erscheinungsbild der Wohnform Werkssiedlung. Nicht die größte, sondern die erste Arbeitersiedlung im Ruhrgebiet zu sein, ist das Prädikat, das Eisenheim unter all den anderen Beispielen auszeichnet.

Ernste Absichten – die Vorgeschichte Eisenheims

Am 27. Februar 1830 bekundete der damalige Hüttendirektor Wilhelm Lueg im Zusammenhang mit dem Ausbau des Walzwerkes: „Da hierdurch den sehr vermehrten Fabrikarbeitern die Wohnungen mangeln, so wollen wir ein großes Wohngebäude für mehrere Arbeiterfamilien erbauen lassen."

Durch attraktive Wohnangebote wollte der Leiter der JHH die im Zuge der Expansion dringend benötigten Meister und Facharbeiter an das Werk binden. Aus den ältesten erhaltenen Arbeitsverträgen, den sogenannten Arbeitskontrakten, erfahren wir, daß es durchaus üblich war, den Vorarbeitern und Meistern Wohnungen, Licht, Brand- und Gartenbenutzung zu gewähren. In einem Kontrakt mit dem Puddelmeister Georg Winck heißt es daher: „Außerdem erhält G. Winck auch freie Wohnung und ein Stück Garten, wie es auf Eisenheim die übrigen Meister haben." Für die einfachen Hilfsarbeiter gab es diese Privilegien jedoch nicht.

Mit seiner Ankündigung gab Wilhelm Lueg, seit 1819 der Tochter Gerhard Haniels verheiratet, den Anstoß zur Gründung der Siedlung Eisenheim. Zielstrebig – wie auch beim Verlauf seiner Karriere bei der JHH vom Hauslehrer bis zum Direktor – verfolgte er sein Projekt bis zur Realisierung. Vier Jahre später kündigt er in einem Brief an den Bürgermeister von Holten den Bau von 15 Arbeiterwohnungen an, da „es hier an Wohnungen sehr mangelt." Diese Pläne umzusetzen war jedoch nicht einfach, denn die Hüttengewerkschaft befand sich zu dieser Zeit in einer ernsten wirtschaftlichen Krise: Nur die Hälfte der Kupol- und Puddelöfen waren ausgelastet – eine Folge der politischen Verhältnisse im Vormärz. Zudem hatte die JHH zahlreiche Arbeiter entlassen müssen.

Dennoch unterzeichnete Wilhelm Lueg am 8. Februar 1844 den mit dem „Kolonisten Rübekamp" ausgehandelten Vertrag „wegen des Wesselkamps", die Flurbezeichnung der Acker- und Weideflächen, die für die Gründung der Siedlung vorgesehen waren. Doch obwohl die JHH den damals relativ günstigen Preis von 2 350 Talern für das 27 Morgen, 139 Ruthen und 60 Fuß große Grundstück sofort bezahlte – die vom Amtmann belegten Quittungen existieren noch –, zog sich die Grundbucheintragung noch weitere zwei Jahre hin. Es fehlte die hierfür notwendige gutsherrliche Genehmigung, die Theodor Rübekamp erst im Februar 1846 vorlegte. Für Wilhelm Lueg schienen damit alle Hindernisse ausgeräumt, und er beantragte eine Baugenehmigung bei der zuständigen Gemeinde Osterfeld.

Widerstreit der Interessen

Der Bauantrag vom 27. Februar 1846 sorgte bei den Osterfelder Gemeindemitgliedern für Aufregung. Wie aus dem Lageplan der zukünftigen Siedlung ersichtlich, vergrößerte der Neubau die Anzahl der Häuser in der Gemeinde schlagartig um 50 Prozent. Die erst 1841 gebildete Gemeinde Osterfeld umfaßte zu diesem Zeitpunkt 100, der eigentliche Ortskern sogar nur 58 Häuser. Um seinem Antrag Nachdruck zu verleihen, wiederholte Lueg einige Tage später diesen Antrag und fügte noch hinzu, daß die JHH auf dem Wesselkamp möglicherweise außer für „tüchtige Meister und Arbeiter rechter Art" noch weitere Häuser bauen werde.

Am 16. März wies Wilhelm Tourneau, Amtmann der Gesamtgemeinde Bottrop und Osterfeld, den Bauantrag zurück, da die Gemeindeverordneten Einspruch erhoben hatten. Tourneau, der einer französischen Emigrantenfamilie aus Duisburg entstammte, galt als fortschrittlicher und weitblickender Bürgermeister. Bereits 1822 – und damit im Vergleich zu seinen Amtskollegen schon sehr früh – hatte er die Vermessung des gesamten Bezirks (Uraufnahme) beauftragt. Auf welche Begründung aber stützte sich die Gemeinde bei der Ablehnung, die einen jahrelangen Rechtsstreit mit der JHH nach sich zog?

Um diese Frage beantworten zu können, muß man sich die damaligen politischen Grenzen vergegenwärtigen. Die drei späteren Stammwerke gehörten um 1800 der JHH im sogenannten Dreiländereck zu drei verschiedenen deutschen Staaten. Die St.-Antony-Hütte war Teil des Vests Recklinghausen unter dem Erzbischof von Köln, die Hütte Gute Hoffnung war dem Preußischen Herzogtum Cleve zugeteilt und die

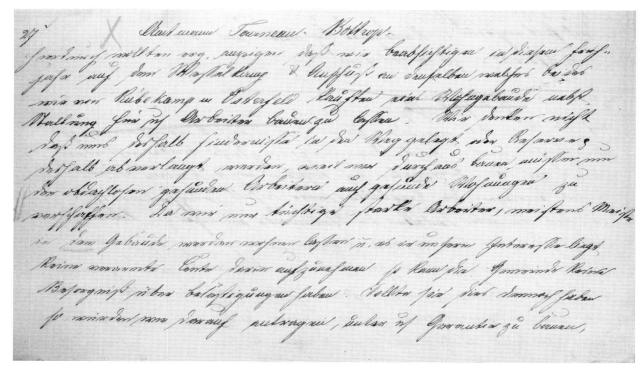

Abb. 11. Alle Geschäftsschreiben der JHH wurden in dieses Kopierbuch eingetragen, so auch der Bauantrag für Eisenheim, den Wilhelm Lueg am 27. Februar 1846 stellte: „Hierdurch wollen erg. anzeigen, daß wir beabsichtigen in diesem Frühjahr auf dem Wesselkamp & Anschluß an denselben welches beide wir vom Rübekamp in Osterfeld kauften ein Wohngebäude nebst Stallungen für unsere Arbeiter bauen zu lassen . . .".

Eisenhütte Neu-Essen gehörte der Fürstäbtissin des Stiftes Essen. Nach der Besetzung durch Napoleon und dem Wiener Kongreß kam das Vest Recklinghausen zur preußischen Provinz Westfalen, an deren äußeren Zipfel die projektierte Siedlungsfläche lag, und der übrige Teil zur Provinz Rheinland. Die Provinzialstraße trennte diese beiden in politischer und administrativer Hinsicht sehr unterschiedlichen preußischen Provinzen, die Werke der JHH lagen zu beiden Seiten. Osterfeld – und damit auch Eisenheim – gehörte zu Westfalen.

Schon 1844 hatte der Osterfelder Gemeinderat eine Maßnahme beschlossen, um die Ansiedlung von Fremden zu verhindern: „Auswärtige, die sich in der Gemeinde anbauen wollen," heißt es in dem Protokoll, „genießen die Wohltaten der bestehenden gemeinnützigen Einrichtung und sollen 15 Thaler Einzugsgeld zahlen, wer sich einmietet und selbständig ist 5 Thaler."

Ein Gesetz von 1845 für die Provinz Westfalen verschärfte die Situation: Grundstückseigentümer mußten alle Lasten und Folgekosten – auch die sozialer Art –, die sich aus dem Hausbau ergaben, selbst übernehmen. Die Gemeindeverordneten stützten sich daher auf diese Bestimmungen und knüpften bestimmte Bedingungen an die Zustimmung zu dem Baugesuch Luegs. „Ihrem Antrag auf Hausbauerlaubnis in der Gemeinde Osterfeld", schrieb Tourneau an die JHH, „habe ich nach gesetzlicher Vorschrift der Gemeinde-Versammlung vorgelegt. Dieselbe findet Bedenken, ihrerseits den Bau zuzugeben, indem sie befürchtet, daß das Gebäude von vielen Fremden bewohnt werde und solche in Krankheits- und Verarmungsfällen der kleinen Gemeinde zur unerschwinglichen Last gereichen würden. Sie will jedoch die Einwilligung nicht versagen, wenn die Gewerkschaft für solche Fälle legale Sicherheit bestellt."

Wilhelm Lueg wollte jedoch seinen Plan gegen alle Widerstände durchsetzen und wandte sich umgehend an die Regierung in Münster, die ihrerseits die Angelegenheit an das Ministerium des Innern weiterleitete. Bereits einen Tag nach der Antwort Tourneaus schaltete er den zuständigen Landrat ein, dem er in einem langen Brief seinen Protest darlegte. Ein persönliches Gespräch zwischen den beiden Herren brachte einen vorläufigen Kompromiß: Unter der Zusicherung, sofort mit den Baumaßnahmen beginnen zu können, verpflichtete sich die Hüttengewerkschaft, eine Kostenübernahmeerklärung abzugeben, falls der angestrengte Rechtsstreit zu ihren Ungunsten entschieden werden sollte.

Schon am 6. April meldete der Ortsvorsteher, daß die Bauarbeiten auf dem Wesselkamp begonnen hätten, erst am 22. Juli erteilte der Landrat dann die vorläufige schriftliche Genehmigung unter Vorbehalt. Am 28. August teilte die JHH dem Amtmann mit, daß in 14 Tagen sieben Häuser fertig seien. Gleichzeitig stellte sie den Antrag, die Anlage „Eisenheim" nennen zu dürfen. Möglicherweise noch unter dem Eindruck der Entscheidung durch den Landrat, die de facto seine Autorität aufgehoben hatte, entsprach Tourneau auch diesem Antrag nicht. Vielmehr verwies er auf das Verfahren, Namensgebungen bei der Regierung zu beantragen. Der Rechtsstreit lief weiter. Erst als die ersten Mieter bereits eingezogen waren, stimmte die königliche Regierung in Münster der Namensgebung und dem Bauantrag am 6. Januar 1847 zu – und zwar ohne jegliche Auflagen. Die Gemeinde hatte demnach alle Folgekosten, wie zum Beispiel bei Arbeitslosigkeit oder -unfähigkeit, zu übernehmen. Der Osterfelder Gemeinderat gab sich aber noch nicht geschlagen und beauftragte einen Rechtsanwalt mit seiner Vertretung. Dabei ging er sogar so weit, die Regierung in Münster zu drängen, die Genehmigung zurückzunehmen und die Siedlung abreißen zu lassen. Allerdings erfolglos.

Der grundsätzliche Konflikt zwischen den Interessen der Unternehmer und denen der Kommunen bestand in der Region noch lange fort, er verschärfte sich weiter in Folge des Massenzuzugs von Arbeitern. Denn dies bedeutete im Krankheitsfalle oder bei Verarmung eine Belastung für die Gemeindekasse. Das Motiv der Unternehmen lag im Arbeitskräftebedarf und der Sicherung qualifizierter Arbeitskraft zum Beispiel durch das Angebot von Wohnungen. Erst das preußische Ansiedlungsgesetz von 1876, das nicht zuletzt auf Grund der Erfahrungen in Eisenheim zustande gekommen war, klärte die Rechtslage. Die Entscheidung fiel zugunsten der Gemeinden aus.

Erste Bauten an der Sterkrader Straße

T. C. Banfield, ein Reisender aus England, besuchte im Frühjahr oder Sommer 1846 nicht nur die Werke der JHH, sondern auch die Baustelle Eisenheim:

„Unterwegs führte uns unser Gastgeber an einigen Siedlungshäusern (cottages) vorbei, welche die Gesellschaft nach einem ansprechenden Plan für die Arbeiter hatte bauen lassen. Die Häuser, von denen nur eine Reihe gebaut worden war, obwohl man ein großes Rechteck geplant hatte, standen zu zweit zusammen, in Gärten, die sie von der Provinzialstraße trennten. Zwischen jeder Zweiergruppe stand eine Pumpe, die von vier Häusern benutzt wurde; dazwischen führte jeweils ein Weg zum Land hinter den Häusern. Dieses Land sollte in Streifen von der Größe eines preußischen Morgens zu jedem Haus gehören." (vgl. Banfield 4)

Banfield beschreibt hier anschaulich die ersten Gebäude von Eisenheim: Sieben Meisterhäuser an der heutigen Sterkrader Straße. Der Errichtung dieser Häuser waren mehrfach Änderungen der Bebauungspläne vorausgegangen. Auch darüber ist der Gast aus England bestens informiert, denn er berichtet ausführlich von einem „seltsamen Streit" sowie den „willkürlichen und schwerfälligen Gesetzen eines mittelalterlichen Agrarlandes", die im Gegensatz zu dem im Rheinland herrschenden „Code Napoléon" die Ansiedlung der Industrie erschweren würden. Tatsächlich hatte Wilhelm Lueg im Verlauf des Genehmigungsverfahrens aus taktischen Gründen seine Baupläne wiederholt verworfen. Kündigte er zunächst ein Wohnhaus „für tüchtige Meister und Arbeiter rechter Art" an, erweiterte er sein Gesuch vom März 1846 gleich um zusätzliche Häuser. Die Absicht, „auf Wesselkamp große kasernenartige

Wohnungen zu bauen", wurde ebenfalls aufgegeben, und schließlich entstanden im ersten Bauabschnitt sieben von 20 vorgesehenen freistehenden Doppelhäusern.

Zunächst wollte Lueg die Häuser an die Nutzer verkaufen, auf der Grundlage eines Darlehens, das durch automatischen Abzug vom Lohn zurückgezahlt werden sollte. Dieses sogenannte Prämienhaussystem hatte Vorbilder im saarländischen Bergbaugebiet. „. . . denn die Zeitereignisse lehren, daß bloß die Besitzlosen zu fürchten sind", erläuterte Lueg dem Landrat in Anspielung auf die Unruhen des Vormärz dazu. Andererseits entfiel damit auch in sozialen Notfällen für die JHH die Verantwortung gegenüber ihren Arbeitern. Nachdem der Landrat die Baugenehmigung jedoch ohne jegliche Auflagen erteilt hatte, gab die JHH die ursprünglichen Verkaufsabsichten wieder auf. Es blieb für die Meisterhäuser beim System der Nutzung auf Mietbasis. Konsequenterweise realisierte die JHH im Spätsommer bzw. Frühherbst 1846 zwei zweigeschossige Mietshäuser mit „kasernenartigen Wohnungen" an der Kasernenstraße – bis heute im Volksmund „Kasernenhäuser" genannt, da sie stark an friderizianische Militärbauten erinnern. Zu jedem dieser Doppelhäuser gehören vier 43 qm große Wohnungen, die von einem zentralen Treppenhaus erschlossen werden. Gleichzeitig entstanden in ähnlicher Bauweise zwei doppelgeschossige Häuser an der Wesselkampstraße.

Eine 1848 aufgestellte Liste für die „Bürgerwehr" gibt eine erste Auskunft über die Bewohner der jungen Siedlung. Nicht nur Puddel- und Schweißermeister, sondern auch „Fabrikarbeiter", das heißt Vor- und Facharbeiter sowie einfache Arbeiter und

Tagelöhner, gehörten zu den ersten Bewohnern Eisenheims.

Kreuzgrundriß und Beamtenhäuser

Der Erweiterung Eisenheims ging eine anhaltende wirtschaftliche Hochphase voraus, so daß die JHH 1865/66 den Ausbau Eisenheims fortsetzte. Wie einige Jahre zuvor, beim Bau der Knappensiedlung für die Bergleute der Zeche Oberhausen (1858), errichtete die JHH mehrere traufständige Backsteinhäuser mit je vier Wohneinheiten entlang der heutigen Berliner Straße. Mit diesen Neubauten setzte sich in Eisenheim die schon seit 1853 im elsässischen Mulhouse praktizierte, typische Grundrißform im Werkssiedlungsbau der Folgezeit durch: der Kreuzgrundriß. Jede Wohneinheit hatte aufgrund dieser Aufteilung einen separaten Eingang, je zwei Eingänge lagen am Hofweg und an der gegenüberliegenden Straßenseite. Die circa 55 Quadratmeter großen Wohnungen bestanden aus je zwei Zimmern im Erd- und Obergeschoß, die durch eine Treppe innerhalb der Wohnung miteinander verbunden waren. Anfang der 1870er Jahre entstand die erweiterte Form des Kreuzgrundrisses: Die vier Hauseingänge sind auf die vier Hauswände verteilt und die Wohnungen somit endgültig voneinander getrennt. Allen Häusern, die nach 1872 in Eisenheim errichtet wurden, liegt diese Grundrißstruktur zugrunde.

In der zweiten Ausbauphase Eisenheims kam jedoch noch ein anderer Haustyp hinzu: Eine geradezu luxuriöse Grundfläche von mehr als 90 Quadratmetern pro Wohneinheit eines Doppelhauses entsprach dem sozialen Status ihrer Bewohner: der leitenden Angestellten, damals „Beamte" genannt. In ihrer Struktur an die Meisterhäuser angelehnt, weisen die Beamten-

häuser jedoch zusätzliche formale Gestaltungselemente auf wie durchlaufende profilierte Gesimse und eine Wandgliederung durch Nischen.

Der neuerliche Wachstumsschub der Siedlung Eisenheim fand mit der sogenannten Gründerkrise 1873 ein jähes Ende, an einen weiteren Ausbau der Siedlung war daher nicht zu denken. Nur noch ein Haus, das Gebäude Nr. 35 in der Wesselkampstraße mit erweitertem Kreuzgrundriß, war im Verlauf des Jahres 1872 fertiggestellt worden. Insgesamt vergrößerte sich die Siedlung in dieser sehr wichtigen Ausbauphase um zehn Wohnhäuser. Bis 1875 hatte sich die Zahl der Haushalte von 30 auf 66 erhöht, die Zahl der Familien nahezu verdoppelt. Allerdings war die Einwohnerzahl Eisenheims im gleichen Zeitraum um das Vierfache angestiegen. Laut einer Volkszählung lebten zu diesem Zeitpunkt 224 männliche und 194 weibliche Bewohner in Eisenheim. Die Wohnungen waren überbelegt, soziale Probleme blieben nicht aus – und verschärften sich in den folgenden Jahrzehnten.

Die letzte Ausbauphase

Gegen Ende des 19. Jahrhunderts setzte im Bergbau eine Hochkonjunktur ein. Die Zechen im Ruhrgebiet waren auf zusätzliche Arbeitskräfte angewiesen. Ein Werberaufruf aus dem Jahr 1887 macht die Situation deutlich:

> *„Masuren! In rheinländischer Gegend, umgeben von Feldern, Wiesen und Wäldern, den Vorbedingungen guter Luft, liegt, ganz wie ein masurisches Dorf, abseits vom großen Getriebe des westfälischen Industriegebiets, eine reizende, ganz neu erbaute Kolonie der Zeche Viktoria bei Rauxel. Diese Kolonie besteht vorläufig aus über vierzig Häusern und wird später etwa auf 65 Häuser erweitert werden. In jedem Haus sind nur vier Wohnungen, zwei oben, zwei unten. zu jeder Wohnung gehören 3–4 Zimmer. Die Decken sind 3 Meter hoch, die Länge, bzw. die Breite des Fußbodens beträgt 3 Meter. Zu jeder Wohnung gehört ein [. . .] geräumiger Stall, wo sich jeder sein Schwein, seine Ziege oder seine Hühner halten kann. Endlich gehört zu jeder Wohnung auch ein Garten von 23–24 Ruten. [. . .] beträgt die Miete für ein Zimmer (mit Stall und Garten) nur vier Mark monatlich, für westfälische Verhältnisse jedenfalls ein sehr billiger Preis. [. . .] Vor jedem zweiten Haus liegt auch ein Vorgärtchen, in dem man Blumen oder noch Gemüse ziehen kann. [. . .] Auch die Arbeiter haben bis zur Arbeitsstätte höchstens zehn Minuten zu gehen. [. . .] Vorgetäuscht wird in diesem Plakat nichts. Es beruht alles auf Wahrheit!"*

Entsprechend der guten Konjunkturlage wuchs auch bei der GHH der Anteil der Bergleute an der Gesamtarbeiterschaft: Zwischen 1897 und 1903 verdoppelte sich ihre Zahl auf 9 000. Angesichts der Wohnungsnot Tausender Arbeitsimmigranten, die vor allem aus den preußischen Ostprovinzen und aus Polen kamen, kurbelte die GHH wie die übrigen Konzerne auch ihren Werkswohnungsbau wieder an.

In Eisenheim wurden 1897 zunächst entlang der Grundstücksgrenzen insgesamt neun Häuser errichtet: zwei in der Berliner Straße, drei in der Kasernenstraße und weitere vier entlang der Wesselkampstraße. Im Rückgriff auf die Planung Wilhelm Luegs legte man zwei Verbindungsstraßen an: die Kolonie und die Eisenheimer Straße, die den Weg über die Sterkrader Straße zur Vestischen Straße verkürzte, wo sich ein für die Eisenheimer gut erreichbares Geschäftsviertel entwickelt hatte. Entlang der beiden Straßen entstanden 1898 und ab 1902 weitere Woh-

nungen. Damit endete die letzte Ausbauphase Eisenheims. Insgesamt 30 Häuser waren hinzugekommen, die Anzahl der Gebäude hatte sich mehr als verdoppelt. Alle in dieser Phase errichteten Neubauten wiesen eine einheitliche Grundstruktur auf: eineinhalb Geschosse mit erweitertem Kreuzgrundriß. Unterschiedliche Dekorelemente wie Bogenabschlüsse über Türen und Fenster, umlaufende profilierte Gesimse mit Kassetten-, Zahn- oder Schrägschnittfriesen entsprachen dem Zeitgeschmack. Um das ansonsten recht monotone Erscheinungsbild der Siedlung – wenn auch nur mit einem bescheidenen Gestaltungsmittel – aufzubrechen, ordneten die aus Oberhausen und Duisburg stammenden Architekten ihre Neubauten an beiden Straßenseiten versetzt zueinander an.

Auch verwaltungstechnisch machte sich die letzte Ausbauphase bemerkbar: Die Wohnungsverwaltung der GHH unterschied jetzt zwischen Eisenheim I und Eisenheim II. Während die älteren Häuser

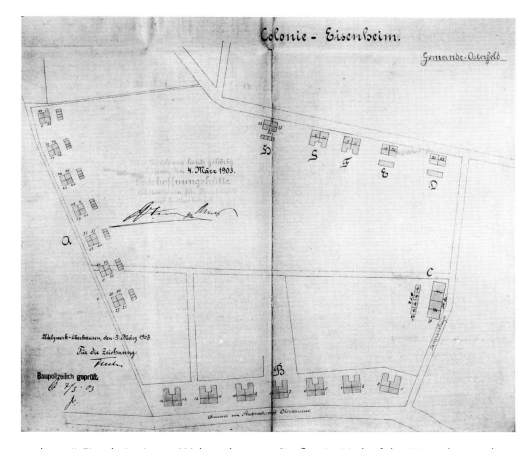

und somit Eisenheim I zum Walzwerk gehörten, ordneten sie die Häuser der letzten Bauperiode, die für die Bergleute errichtet worden waren, der Zeche Osterfeld zu – Eisenheim II.

Die Realisierung des Kinderhauses anläßlich des 100jährigen Jubiläums der GHH im Jahre 1911 brachte Eisenheim eine letzte baulich bedeutende Erweiterung. Unklar bleibt hier jedoch, ob es sich lediglich um den Umbau eines bestehenden Wohnhauses oder um einen Neubau handelt. Alle folgenden Veränderungen in Eisenheim beschränken sich auf kleinere An- bzw. Ausbauten – und Umbenennungen der

Straßen im Verlauf der 30er Jahre. In diese Zeit fällt auch der Bau der ersten Garage in Eisenheim. Otto Loos, Wesselkampstraße Nr. 29, wurde im Oktober 1938 die Genehmigung erteilt, eine Wellblechgarage zu errichten – allerdings verbunden mit der Auflage: „die Garage ist gegen Sicht von der Straße in der im Lageplan angegebenen Weise zu bepflanzen."

Abb. 14. Die Kasernenhäuser an der Fuldastraße vor dem Umbau. Sie sind die ältesten noch erhaltenen Gebäude in Eisenheim.

Abb. 15. Wesselkampstraße vor 1910.

„ . . . freie Wohnung und ein Stück Garten"

Abb. 16. Hofansicht der Häuser an der Berliner Straße vor dem Umbau.

Abb. 17. Stemmersberg im Bau, um 1900.
In unmittelbarer Nachbarschaft zu Eisenheim
errichtete die GHH um 1900 die Siedlung
Stemmersberg. Zur gleichen Zeit baute man auch
in Eisenheim.

Abb. 18. Eisenheimer Straße, vor 1910.

„ . . . ein ruhiger und behaglicher Aufenthalt"

Leben in der Werkssiedlung Eisenheim

Aus praktischen Gründen war es üblich, daß die Betriebe ihre Arbeiterwohnungen in einem engen Gürtel um das Werk herum anlegten. Auch das Baugrundstück für die Siedlung Eisenheim auf den Gemarkungen Ravelkamp und Wesselkamp war vom Arbeitsplatz aus leicht zu erreichen. Es lag fast genau zwischen dem Walzwerk und der Gute-Hoffnungs-Hütte, denn die hochqualifizierten Meister und die Arbeiter sollten in beiden Werken gleichermaßen eingesetzt werden.

Doch warum hatte der Bauherr für seine Pläne ein Grundstück ausgesucht, das völlig vereinsamt mitten in leicht sumpfigem Ödland lag, umgeben von nur drei bis vier Bauernhöfen? In einem Schreiben an den zuständigen Landrat hebt der damalige Hüttendirektor hervor, daß durch den allgemeinen Wohnungsmangel „der Baugrund in der Nähe der gedachten Fabrikanlagen schon übertheuer geworden" sei und „in der Nähe wir kein ähnliches passendes Stück besitzen". Doch zu den finanziellen Überlegungen kamen wohl noch andere hinzu: Nur die Hälfte der neuen Arbeitskräfte stammte aus Oberhausen oder der näheren Umgebung. Die meisten Arbeiter waren aus Regionen mit traditioneller Eisenerzeugung wie dem Siegerland, dem Bergischen Land oder der Eifel, aber auch aus England, Frankreich und Belgien herangeholt worden. Und vor allem für die neuen Produktionsverfahren benötigte man ausländische Meister. 1845 reisten eigens zwei Mitglieder der Familie Haniel nach England, um dort vier gute Schweißermeister für das Schienenwalzwerk anzuwerben. Die ersten Bewohner Eisenheims waren also Fremde und Zugereiste, teilweise sogar Ausländer und somit schon damals den Anfeindungen und Verdächti-

gungen der Einheimischen ausgesetzt. Auf dem Ravelkamp waren sie isoliert und die alteingesessenen Bauern damit beruhigt.

Die Umgebung Eisenheims, so wie sie die Neuankömmlinge vorfanden, beschrieb die Zeitzeugin Annette von Droste-Hülshoff 1848 als „trostlose Gegend". „Unabsehbare Sandflächen", so heißt es weiter, „nur am Horizont hier und dort von kleinen Waldungen und einzelnen Baumgruppen unterbrochen. Dann noch etwa jede Meile eine Hütte, vor deren Tür ein paar Kinder sich im Sande wälzen und Käfer fangen . . ." Vielleicht war Annette von Droste-Hülshoff gerade an den Meisterhäusern der Provinzialstraße vorbeigefahren, denn sicherlich nicht zufällig hatte man gleichzeitig mit der Errichtung der Siedlung auch mit dem Ausbau dieses alten Pilgerwegs begonnen. Er war bereits unter Friedrich II. zur Poststraße erweitert worden und führte von Mülheim über Sterkrade nach Dorsten. Völlig zugangslos war das Grundstück daher nicht, doch Einkaufsmöglichkeiten, Gasthaus, Amt, Schule und Kirche waren weit entfernt, da die Siedlung am Schnittpunkt der beiden Gemeinden Osterfeld und Sterkrade lag. Als 1846 die erste eingeborene Eisenheimerin, Catherina Porten, getauft wurde, mußten Eltern und Verwandte eine halbe Stunde Fußweg zurücklegen, bis sie an der katholischen Kirche St. Pankratius angelangt waren. Ihre Eltern, der Hüttenarbeiter Heinrich und Catherina, geb. Josten, wohnten in den Kasernenhäusern an der heutigen Fuldastraße. Die Familie Porten gehörte zu den ersten Bewohnern Eisenheims, die nicht nur in räumlicher, sondern auch in sozialer Hinsicht isoliert waren.

Vielleicht war das der Grund dafür, daß sich in der Siedlung eine ganz spezifische

Form des Gemeinschaftsgefühls entwickelte. Außerdem lebten viele Familien über mehrere Generationen in Eisenheim. Wie dauerhaft ihre Bindung an Werk und Siedlung sein konnte, zeigt das Beispiel der Familie Pöppinghaus. Der aus Buer stammende Heinrich Pöppinghaus war als Walzmeister der „Alten Walz" gleich im Gründungsjahr der Siedlung Eisenheim dort eingezogen. Seine Brüder, Kinder und Enkelkinder arbeiteten zum größten Teil ebenfalls im Walzwerk. Und rund sechzig Jahre später, kurz vor dem Beginn des Ersten Weltkriegs, lebte die Familie immer noch im Haus Provinzialstraße Nr. 62, der heutigen Sterkrader Straße.

Nach Aussage der älteren Bewohner brach die auf sich konzentrierte, abgeschlossene, ja fast dörfliche Struktur nach dem Ende des Zweiten Weltkriegs allmählich auf, doch selbst heute trifft man in Eisenheim noch auf eine etwas andere Art des Zusammenlebens.

Werksfürsorge

Mieter einer Werkswohnung zu sein, bedeutete eine doppelte Abhängigkeit: Vermieter und Arbeitgeber waren identisch, der Verlust des Arbeitsplatzes führte bis in den 1950er Jahren auch zum Verlust der Wohnung. So sah § 10 des „Reglement für die Bewohner der Familiengebäude des Actienvereins Gutehoffnungshütte" von 1872 vor:

Abb. 19. Mutter Rettweiler mit ihren vier Kindern, Werrastraße um 1910. Josef Rettweiler (erster von links) wohnte mit seiner Familie bis 1958 in Eisenheim.

> *„Wenn dagegen von einem der Contrahenten das Arbeitsverhältnis gekündigt wird, oder wenn Umstände eintreten, welche den Vermiether zur sofortigen Entlassung aus der Arbeit berechtigen, oder das Arbeitsverhältniß ohnehin auflösen, so schließt diese Arbeitskündigung resp. die Entlassung aus der Arbeit selbstverständlich die Kündigung des Miethverhältnisses in sich, letztere braucht nicht besonders ausgesprochen zu werden; auch ist in solchem Falle die Kündigungsfrist für die Miethe von der Arbeitskündigungsfrist, resp. von der Auflösung des Arbeitsverhältnisses derart abhängig, daß der Miethvertrag vierzehn Tage nach Entlassung des Miethers aus der Arbeit erlischt und nach Ablauf dieser Frist der Miether die Wohnung prompt zu räumen hat."*

Das Leben in einer Werkssiedlung war mit strenger sozialer Kontrolle verbunden, häufig war der Nachbar auch gleichzeitig Vorgesetzter. Dank ihrer Wohnlage am Rand der Siedlung kam den Meistern und leitenden Angestellten in Eisenheim – ob beabsichtigt oder nicht – automatisch eine Kontrollfunktion zu. Der patriarchalische Charakter betrieblicher Sozialpolitik spiegelt sich ebenfalls in der Mietordnung wider, an die sich die Bewohner zu halten hatten. Ziel war es, die Arbeiter durch Maßregelung und Fürsorge zu erziehen und sich einen Stamm von unternehmensverbundenen Arbeitern zu schaffen.

Nicht zufällig wurde im gleichen Jahr wie die Siedlung Eisenheim auch ein Unterstützungsverein für die Belegschaft gegründet, der in sozialen Notfällen half. Er finanzierte sich jeweils zur Hälfte aus den Beiträgen der Beschäftigten und des Unternehmens. Eigenen Angaben zufolge hatte die JHH den Verein ins Leben gerufen, um den Auflagen der Osterfelder Gemeinde zu entsprechen und die Versorgung der Mieter in sozialen Notlagen zu sichern.

Die Motive der Unternehmen für die Werksfürsorge waren vielschichtig und sind nicht eindeutig zu bestimmen: Gab es noch andere Gründe als die der Fürsorgepflicht? Fühlten sie sich tatsächlich für das Wohlergehen ihrer Belegschaft verantwortlich? Galt dies nur im Hinblick auf ihren „Wert" als Arbeitskraft? Und inwieweit sollte das Privatleben der Arbeiter dadurch bestimmt werden?

Spannungen und Konflikte

Mit dem Wiedereinstieg der JHH in die Roheisenproduktion in den 1850er Jahren erlebte das Unternehmen eine Phase der Hochkonjunktur. Die Werke wurden ausgebaut, man benötigte zusätzliche Arbeitskräfte – und Wohnungen. In Eisenheim entstanden daher zwischen 1865 und 1872 zehn neue Häuser für die Arbeiter des Walzwerkes, in denen 36 Familien untergebracht wurden. Die Einwohnerzahl der Siedlung stieg auf 400 Personen an und hatte sich damit vervierfacht.

Noch einschneidender waren die Folgen der letzten Ausbaustufe um die Jahrhundertwende, als Eisenheim um 30 Häuser für 120 Familien erweitert wurde. Insgesamt wohnten jetzt mehr als 1 200 Personen in den 51 Häusern. Bis dahin war Eisenheim eine reine Hüttensiedlung gewesen. Mit dem Aufschwung des Bergbaus kamen nun vor allem die Kumpel aus den preußischen Ostprovinzen und aus Polen ins Ruhrgebiet. Ihre Zahl verdoppelte sich bei der GHH auf 9 000, die Hälfte der Gesamtbelegschaft. Die neuen Siedlungswohnungen waren daher ausschließlich für Zechenarbeiter vorgesehen – ein Vorhaben, das massive Proteste hervorrief. Aus dem Beschwerdebrief eines Walzmeisters erfahren wir, daß sich die Bewohner durch die Neuankömmlinge aus Polen und Österreich in ihrem „ruhigen und behaglichen Aufenthalt", den sie sich „im Laufe der Jahre geschaffen" hätten, bedroht fühlten. Doch auch sein Hinweis darauf, daß die Meister bereits tätlich angegriffen worden seien, beeindruckte die Firmenleitung offenbar wenig: Wie geplant bezogen Bergleute die neuen Wohnungen.

So wie der Bau der ersten Häuser in Eisenheim Vorbehalte bei den eingesessenen Bauern hervorgerufen hatte, begegneten die nun ansässig gewordenen Eisenheimer ebenso argwöhnisch neuen Fremden, die mit dem weiteren Ausbau der Siedlung zuzogen. Ressentiments bestanden jedoch nicht nur zwischen Einheimischen und Neuankömmlingen, zwischen Deutschen und Ausländern, sondern auch zwischen Meistern und einfachen Arbeitern oder Hüttenarbeitern und Bergleuten. Trotz der vielseitig beschworenen Solidarität unter den Bewohnern gab es offensichtlich auch in Eisenheim grundsätzliche Konflikte und soziale Spannungen zwischen den einzelnen Gruppen, die sich zum Teil bis in die Gegenwart gehalten haben.

Die Zugehörigkeit zu den einzelnen „Cliquen" bestimmte, welche der zahlreichen Kneipen der Umgebung man besuchte. Ein Zeitzeuge erinnert sich an die Jahre während und nach dem Zweiten Weltkrieg: Die Gaststätte Hugo Bremmekamp auf der Wesselkampstraße beispielsweise war Wahllokal und besaß eine echte Attraktion: einen Billardtisch. Hier trafen sich die Anlieger der Fulda- und der Werrastraße. An der Sterkrader Straße lagen gleich drei Wirtschaften in unmittelbarer Nähe. Zu „Neifer" kamen die Hüttenarbeiter der Berliner und der Sterkrader Straße. Und als nach dem Krieg der beliebte Obersteiger Hagemann die ehemalige Gaststätte Weinreich übernahm, zog es vor allem die Bergleute dorthin. Sehr schnell wurde die Kneipe dann zum Vereinslokal des „Spielclubs Osterfeld", mit dem die Eisenheimer bereits 1912 ihren eigenen Fußballverein gegründet hatten. Bis dahin trafen sich die Kicker in der ebenfalls an der Sterkrader Straße gelegenen Gaststätte Reuschenbach – gleichzeitig Haltestelle der Straßenbahnlinie 1. Hier verkehrten vor allem die betont katholischen und konservativen Bewohner der Siedlung.

Auf engstem Raum

Am 1. Mai 1901 bezog ein Polizist eine neu erbaute Bergmannswohnung. Er sollte wie seine Kollegen in anderen Siedlungen auch für Ruhe und Ordnung sorgen. Daß diese zu jener Zeit nicht immer gewährleistet werden konnte und Konflikte vermehrt auftraten, hing auch mit der verheerenden Wohnungssituation zusammen. Aufgrund des Massenzuzugs reichte die Zahl der Wohnungen nicht aus, und es entbrannte ein zum Teil heftiger Konkurrenzkampf, vor allem um die günstigen Werkswohnungen. Ihre Mieter hatten nicht nur einen 300 bis 400 Quadratmeter großen Garten, sondern bezahlten Ende des letzten Jahrhunderts für eine Dreizimmerwohnung elf Reichsmark – nur etwa die Hälfte der orts-

Abb. 20. Noch heute finden in den Sommermonaten regelmäßig Taubenwettkämpfe statt. Die besorgten Taubenväter warten dann auf ihre Schützlinge, die mit einer entsprechenden Markierung versehen sind. So kann die Ankunftszeit mit Hilfe einer Taubenuhr ordnungsgemäß festgehalten werden.

üblichen Miete auf dem freien Wohnungsmarkt. Trotz des verstärkten Baus von Werkswohnungen verbesserte sich die Situation zu Beginn des Jahrhunderts nicht; nur etwa fünf bis sechs Prozent der Beschäftigten der GHH lebten in werkseigenen Wohnungen.

Verschärft durch niedrige Löhne führte dies zu Überfüllung und Enge – so auch in Eisenheim. Ein Bericht der GHH aus dem Jahr 1899 hielt fest, daß vielfach fünf anstatt vier Familien in einem Haus wohnten. „Es kommt häufig genug vor", hieß es 1898 in einem Bericht an den zuständigen Landrat, „daß ein Zimmer als Wohn-, Koch- und Schlafraum für die aus mehreren Personen bestehende Familie dient."

„Mit voller Kost einquartiert"

In die ohnehin überfüllten Wohnungen nahmen viele Familien zusätzlich unverheiratete Arbeiter als Untermieter auf, sogenannte Kost- oder Quartiergänger. Eine Untersuchung des zuständigen Landrats Graf Meerfeld ergab, daß es im Jahr 1898 im Kreis Recklinghausen 2,4 Kostgänger pro Wohnung gab. Kaum ein Arbeiterhaus sei nicht mit einem oder mehreren Schlafburschen belegt, die auf dem Dachboden oder sogar in Verschlägen über den Ställen wohnten.

Bereits 1892 hatte der Landrat eine Verordnung erlassen: „Die Polizeibeamten sind anzuweisen, sämtliche Wohnungen ihres Reviers, in denen Kost- und Quartiergänger gehalten werden, mindestens vierteljährlich einmal umgehend zu revidieren und bei dieser Gelegenheit das ganze Haus zu besichtigen. Hierbei sind die Bewohner über die Notwendigkeit des Lüftens und der Sauberkeit sämtlicher Räume in geeigneter Weise zu belehren." (Staatsarchiv Münster, Regierung Münster, Nr. 5689)

Die Ordnungsmacht schuf sich auf diese Weise eine zusätzliche Möglichkeit der sozialen Kontrolle. Die GHH ging sogar noch einen Schritt weiter und untersagte das „Kostgängerunwesen" strikt. Inwieweit das Verbot allgemein befolgt wurde, ist nicht bekannt. Überliefert ist jedoch, daß man im Dezember 1900 einem Bewohner der Knappensiedlung die Wohnung wegen „wiederholten Verstoßes gegen das Kostgängerverbot" kündigte. In Eisenheim fand das Verbot offenbar wenig Beachtung. Bei einer Revision stellte die Wohnungsverwaltung in einem Haus sogar acht Kostgänger fest.

Was aber waren die Gründe für das zum Teil rigide Vorgehen gegen diese Form der Untervermietung? War es nicht eher positiv zu bewerten, daß die Mieter so ihre Einkünfte aufbesserten und die Kostgänger Familienanschluß fanden? Welche Gefahren die Verantwortlichen genau darin sahen, macht der – sicherlich übertriebene – Bericht des Landrats deutlich:

„Wo mehrere Kostgänger in einer Familie oder in einem Haus zusammenwohnen, werden in der Regel an den Sonn- und Feiertagen in der Wohnung des Kostgebers Saufgelage veranstaltet. Die Kostgänger lassen Bier und Schnaps heranholen; die Familie des Kostwirts trinkt natürlich mit. Fast jeder Bergmann hat natürlich eine Ziehharmonika; nun wird getrunken, gespielt und getanzt, bis alles drunter und drüber geht. Den Schluß bildet dann im allgemeinen eine Schlägerei, wobei häufig genug Messer und Revolver eine große Rolle spielen. Am tollsten geht's meistens bei den Polen zu. Die polnischen Frauen und Mädchen tanzen mit den Kostgängern, häufig barfuß und nur notdürftig bekleidet. Daß hierbei auch der Unsittlichkeit in hohem Maße gefrönt wird, ist unzweifelhaft. In besonders hohem Maße wird die Sittlichkeit dadurch gefährdet, daß die Kostgänger häufig die Nacht in ihrer Wohnung zubringen, während der Kostwirt Nachtschicht hat. Es tritt eine Annäherung zwischen den Kostgängern und der Ehefrau und den sonstigen weiblichen Mitgliedern der Familie ein, die nicht ohne Folge bleibt. Der Kostwirt verlangt die Entfernung der Kostgänger aus der Wohnung, die Frau widersetzt sich, und es treten die widerwärtigsten Familienszenen ein. Unter den Bergleuten hat man die Redensart: ‚Sich mit voller Kost einzuquartieren, das heißt mit der stillschweigend gegebenen Erlaubnis des geschlechtlichen Verkehrs mit der Frau.'" (Staatsarchiv Münster)

Anschluß an die „Zivilisation"

Mitte des 19. Jahrhunderts war die Gegend um Eisenheim immer noch weitgehend agrarisch bestimmt, aber bereits von der einsetzenden Industrialisierung und Urbanisierung geprägt. Kennzeichen dieser Übergangsphase schildert Levin Schücking in seiner Reisebeschreibung aus dem Jahr 1856:

> *„Die Eisenbahn aber führt uns weiter nach Oberhausen, mitten in eine Landschaft, welche eine Staffage von nordamerikanischem Gepräge hat, wir befinden uns in ödester Sandgegend, die kaum dürftigen Fichtenausschlag nährt, in einer wahren Urheide, und mitten in ihr erblicken wir die Schöpfung des modernen Kulturlebens, eben aus dem Boden gestiegene Stationsgebäude, Häuser, Hotels, Fabriketablissements, und ehe viel Zeit verfließt, wird mit amerikanischer Schnelligkeit eine Stadt aus diesen Sandhügeln aufwachsen . . . "*

Begünstigt durch den Eisenbahnboom und den damit einhergehenden Aufstieg der JHH, erhielt die Gemeinde Oberhausen 1874 das Stadtrecht. Die isolierte Lage Eisenheims blieb jedoch zunächst unverändert, erst als sich um die Jahrhundertwende der Urbanisierungsprozeß beschleunigte, wurde auch Eisenheim allmählich an die umliegenden Wohnbezirke und Zentren angebunden. Ein entscheidender Schritt war 1898 die Eröffnung der Straßenbahnlinie 1, die von Oberhausen an den Meisterhäusern der Provinzialstraße vorbei bis nach Sterkrade führte. Der Fahrpreis allerdings war relativ hoch – 1925 kostete eine Fahrt 20 Pfennig. Man kann davon ausgehen, daß die meisten Eisenheimer noch lange weiterhin zu Fuß oder mit dem Fahrrad unterwegs waren.

Ebenso wichtig war das Jahr 1901. Die Häuser der Siedlung bekamen Hausnummernschilder, und die GHH verlegte Gasleitungen zu den Meisterhäusern – dank der Gaslaternen wurden die Straßen nun endlich hell. Erst nach dem Ende des Ersten Weltkriegs erhielten einzelne Straßen wie die Berliner Straße Strommasten, einige Häuser wurden an das städtische Stromnetz angeschlossen. Für die meisten Haushalte in Eisenheim blieb der elektrische Strom allerdings lange Zeit Luxus, die Elektrifizierung zog sich bis in die 1930er Jahre hin.

Auch einen Anschluß an die öffentliche Kanalisation erhielten zu Beginn des Jahrhunderts nur die wenigen Eisenheimer, die an öffentlichen Durchgangsstraßen wohnten. Daraus entwickelte sich ein langjähriger Konflikt zwischen der GHH und der Stadt Oberhausen. Während Oberhausen und viele andere Kommunen nach und nach ihre Straßenzüge an das städtische Kanalnetz anschlossen, weigerte sich die GHH, den Forderungen nachzukommen. Sie pochte auf ihr Eigentumsrecht und konnte sich so jeder Bevormundung entziehen. Aus einem Briefwechsel zwischen den beiden Kontrahenten im Jahr 1963 geht hervor, daß einige Häuser der Wesselkampstraße bald an den neu verlegten städtischen Entwässerungskanal angeschlossen werden sollten, während die Häuser der Eisenheimer Straße in den werkseigenen Kanal, die der Werrastraße sogar in die Straßenrinnen entwässert werden mußten. Bis zur Sanierung Eisenheims in den 70er Jahren unseres Jahrhunderts (!)

flossen die Abwässer vielfach in die Straßenrinnen und die Fäkalien überwiegend in Abortgruben, dort wurden sie, wie es schon in der GHH-Werkszeitung von 1928 heißt, „mit dem Stalldung zum Düngen der Gärten entnommen". Die älteren Bewohner erzählen, daß es Aufgabe der Kinder gewesen sei, die Fäkalien in speziellen Eimern, den sogenannten „Alscheppern", auf die Felder zu tragen, die häufig zusätzlich zu den Gärten angemietet und bewirtschaftet wurden. Es ist aus heutiger Sicht kaum vorstellbar, daß es noch vor zwanzig Jahren – nicht etwa auf dem Lande, sondern mitten in einer Großstadt wie Oberhausen – ein Wohnviertel gab, dessen Häuser weder eine Toilette noch ein Bad hatten. Die Bewohner gelangten nur über den Hofweg zum Plumpsklo, gerade so wie vor 150 Jahren.

Kindergarten und Schule

Nicht nur der Anschluß an die öffentliche Gas- und Stromversorgung sowie das städtische Kanalnetz erleichterte das Leben in Eisenheim. Durch die am 1. Oktober 1905 eingeweihte katholische „Schule-West" an der Wesselkampstraße verringerte sich der Schulweg für die Kinder erheblich. Im Gründungsjahr wurde sie von 135 Schülern besucht. „Der Schulbezirk", so schrieb der spätere Rektor Franz Seewald, „liegt ganz im Arbeits- und Interessengebiet der Gutehoffnungshütte. [...] Der Schülerbestand setzte sich vorzugsweise aus Kindern von Arbeitern und Angestellten der Gutehoffnungshütte zusammen. Zur Schule gehört der Hauptteil der Kolonie Eisenheim, so daß eine Benennung d a n a c h im ortsgeschichtlichen Interesse den Vorzug verdient hätte." Rund dreißig Jahre später wurde die Canisius-Schule, wie sie seit 1910 hieß, tatsächlich in „Katholische Volksschule Eisenheim" umbenannt.

Ab 1943 war ein geregelter Schulablauf wegen der großen Luftangriffe nicht mehr möglich. Anfang Juni schlossen die Oberhausener Schulen und die meisten Schüler wurden im Zuge der Kinderlandverschikkung in vermeintlich sicherere Gebiete gebracht. Die Eisenheim-Schule war zu diesem Zeitpunkt bereits durch einen Bombenangriff zerstört. In der Nachkriegszeit baute man das Gebäude nicht wieder auf, und die Schüler nahmen in der benachbarten Volksschule „Katholische Osterfelderheideschule" im Schichtbetrieb am Unterricht teil. Sie wurde 1967 zur „Hauptschule Eisenheim".

Für die nichtschulpflichtigen Kinder errichtete die GHH zu Ostern 1911 einen Kindergarten inmitten der Siedlung an der Ecke Wesselkampstraße/Eisenheimer Straße. Er gehörte zu den insgesamt sieben „Kleinkinderschulen", deren Bau das Unternehmen anläßlich seiner Hundertjahrfeier am 1. April 1910 beschlossen hatte. Betreut wurden die 50 bis 60 Kinder von Erzieherinnen, „Tanten" genannt. Ein Blick in den Speiseplan aus dem Kriegsjahr 1918 gibt Aufschluß über die allgemeine Versorgungslage zu jener Zeit. Aus heutiger Sicht erscheinen uns die morgendliche Milch, das Mittagessen aus Graupen mit Backobst und die Stulle mit (Rübenkraut-) und Milch am Nachmittag, die es ab September gab, als ausgesprochen karge Mahlzeiten. Angesichts der in Deutschland herrschenden Hungersnot im „Steckrübenwinter" war die Verpflegung in den Kindergärten allerdings nahezu üppig, bis Ende Februar 1918 gab es dort mittags sogar noch von Zeit zu Zeit ein Fleischgericht.

Einige der GHH-Kindergärten dienten gleichzeitig als Handarbeitsschulen für die jungen Mädchen und Frauen, die „durch systematischen Aufbau zur Selbständigkeit in allen weiblichen Handarbeiten" erzogen werden sollten, wie es in einer GHH-Werkszeitung heißt. Schon während des Ersten Weltkriegs lernten Hausfrauen hier, sparsam und dennoch nahrhaft zu kochen, und in den ebenfalls in den Kindergärten eingerichteten „Mutterberatungsstellen" wurden sie in Baby- und Kleinkinderhygiene unterrichtet. Entsprechend dem damaligen Frauenbild, war es erklärtes Ziel, „deutsche Mädel zu tüchtigen Frauen zu machen, damit sie einst Mann und Kindern ein geordnetes Heim schaffen und dadurch dem bodenständigen Arbeiter in seinem Zuhause eine echte deutsche Heimat bereiten können". Handarbeitsschule, Mutterberatungsstelle und Kindergarten waren wesentliche Bestandteile der Werksfürsorge und wurden von den Familien der Beschäftigten intensiv genutzt.

Willi Wittke erinnert sich: Revolution und Zweiter Weltkrieg

Natürlich beeinflußten nicht nur die Geschicke der GHH und die Entwicklung der Stadt das Leben in der Siedlung. Wie die gesamte Bevölkerung litten die Eisenheimer unter anderem auch unter den Unruhen nach 1918 und den beiden Weltkriegen. Leider sind uns nur wenige Berichte und gesicherte Quellen überliefert, die Informationen daher nur sehr fragmentarisch.

Der 1906 geborene Willi Wittke, der Zeit seines Lebens in Eisenheim wohnte, erinnerte sich gut an die Kämpfe im März 1920, als es nach dem rechtsgerichteten Kapp-Putsch zu Arbeiteraufständen kam.

Siebzehn Arbeiter, darunter zehn Eisenheimer, so erzählte er, seien ohne Gerichtsurteil am Eingang zur Brotfabrik Keuschen an der Kasernenstraße von den „Noskes", den auf Anregung des Reichswehrministers Noske gegründeten Freikorps, erschossen worden. Im General-Anzeiger vom 6. April 1920 wird von einem Granateinschlag in das Lebensmittelgeschäft an der Kniestraße Nr. 1 berichtet, durch den mehrere Eisenheimer umkamen.

Noch gravierender waren die Auswirkungen des Zweiten Weltkriegs, Eisenheim wurde stark beschädigt. Aus dieser Zeit stammt der Hochbunker, der Anfang der 40er Jahre auf dem Gelände zwischen der Wesselkampstraße und der Werrastraße errichtet wurde. Viele schreckliche Erinnerungen sind mit diesem Bunker verbunden. Dazu gehören vor allem die Ereignisse vom 30. März 1944, als gegen 21.45 Uhr ein vereinzelter Bombenabwurf gemeldet wurde. Der Alarm war zu spät ausgelöst worden, so daß zahlreiche Menschen im Begriff waren, in den Bunker zu fliehen, als die Bombe unmittelbar im Eingangsbereich detonierte. Die Folgen waren verheerend: 23 Personen wurden zum Teil schwer verletzt und 41 Menschen, darunter auch Kinder im Alter zwischen drei und fünfzehn Jahren, getötet. Oberbürgermeister und NSDAP-Kreisleiter ließen drei Tage später eine Todesanzeige mit den Namen der Opfer im General-Anzeiger abdrucken. Am 5. April wurde eine Trauerfeier am Bunker abgehalten. Der Kreisamtsleiter Meyer nutzte diese Gelegenheit, um in einer polemischen Rede die Schuld an den Bombenangriffen auf die Kriegsgegner abzuwälzen, die Position Hitlers zu verteidigen und die Zuhörer mit Durchhalteparolen zu „motivieren".

Abb. 21. Während des Zweiten Weltkriegs waren in dem benachbarten Lager „Forsterbruch" Zwangs- und Fremdarbeiter untergebracht. Als Dank dafür, daß einige Mütter ihnen heimlich Milch brachten, bastelten die Häftlinge dieses Flugzeug aus Schießdraht für die Kinder.

Wohnungsmangel in der Nachkriegszeit

In der unmittelbaren Nachkriegszeit war die Wohnungsnot auch in Eisenheim groß. Viele Häuser waren zerstört, andere stark beschädigt. Bis zur Instandsetzung Ende 1951 lebten die Bewohner in kaum vorstellbaren Verhältnissen. Einige der Meisterhäuser an der Sterkrader Straße, zwischen Eisenheimer- und Fuldastraße, wurden nach dem Krieg notdürftig hergerichtet und waren bis 1952 bewohnt. So geht aus den Akten hervor, daß ein Zechenarbeiter 1946 den Stall eines zerstörten Meisterhauses anmietete, da seine Wohnung für die siebenköpfige Familie und die aus dem Osten geflohenen Verwandten nicht ausreichend Platz bot. Noch schlimmer erging es einer Familie von drei Erwachsenen und zwei Kindern, der nur die Waschküche eines zerstörten Meisterhauses als Bleibe diente.

Und auch der Bunker wurde weiterhin genutzt. Die Flüchtlinge fanden hier eine notdürftige Unterkunft – zum Teil bis in die 50er Jahre. Mittlerweile ist er als Zivilschutzbunker ausgebaut und das Areal bepflanzt. Auf Initiative der Werkstatt Eisenheim an der Fuldastraße hat die Stadt dort einen Kinderspielplatz errichten lassen. Die Außenwände des riesigen Gebäudes dienen den Kindern heute beim Fußballspielen als Torwand.

Abb. 22. Kinder im Hofweg, ca. 70er Jahre.

„ . . . ein ruhiger und behaglicher Aufenthalt"

Abb. 23. Einige Kinder haben sich hier für das Erinnerungsfoto aufgestellt.

Abschied vom Kindergarten 1942

Abb. 24. Wie die alljährlich am Kindergarten stattfindenden Sommerfeste waren auch die Kinderschützenfeste wichtiger Bestandteil in Eisenheim. Hier sieht man das stolze Kinderschützenpaar mit Gefolgschaft, ca. Ende der 40er Jahre.

„ . . . ein ruhiger und behaglicher Aufenthalt"

*Abb. 25. Bohnenstangen für die heimische Kost –
türkische Männer im Garten, 70er Jahre.*

Abb. 26. Ein großer Teil des Lebens findet in den Hofwegen vor dem Haus statt. Die Gartenbank spielt dabei eine wichtige Rolle. Hier dient sie als Skattisch. Im Hintergrund ist der Bunker an der Werrastraße zu erkennen, ca. 50er Jahre.

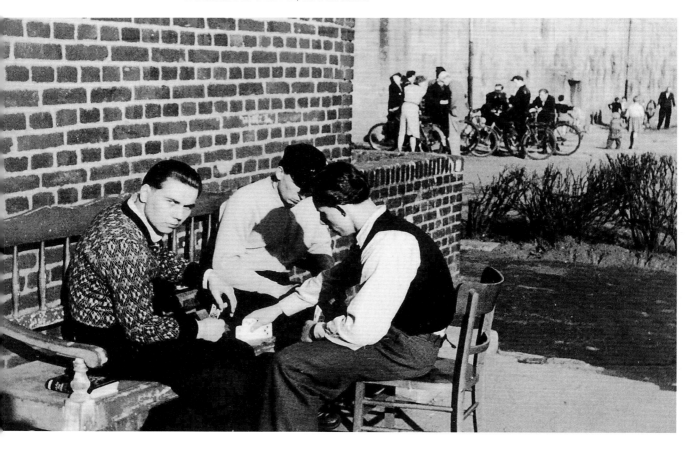

„ . . . ein ruhiger und behaglicher Aufenthalt"

*Abb. 27. Brotfabrik Keuschen, Kasernenstraße 4
(heute Fuldastraße), seit 1934/35 Bäckerei
Ruhberg aus Bottrop, um 1916.*

Abb. 28. Mütter mit Kindern, Berliner Straße,
um 1916.

Abb. 29. Fensterszene in Eisenheim, 70er Jahre.

Abriß oder Sanierung?

Der Kampf um den Erhalt der Siedlung

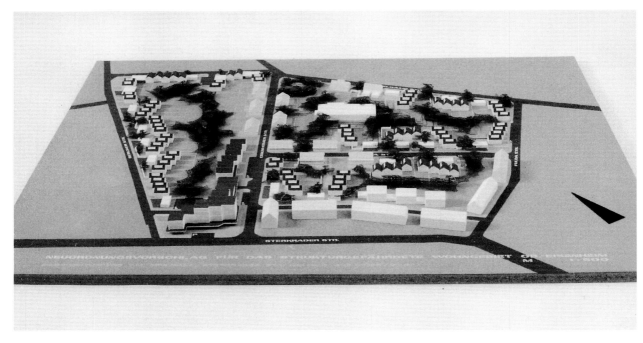

Abb. 30. Die Neubaupläne der Stadt Oberhausen sahen einen Teilabriß mit anschließender Mischbebauung vor.

Eisenheim wird abgerissen. Darin waren sich die Verantwortlichen der Stadt Oberhausen und der HOAG, die nach dem Zweiten Weltkrieg Eigentümerin der GHH-Siedlungen geworden war, bereits in den 50er Jahren einig. Folgt man den Zeitungsberichten, so entsprach diese Haltung auch der öffentlichen Meinung. In Schlagzeilen wird der Abriß Eisenheims begrüßt, da die „häßlichen Altbauten" das Stadtbild „verschandelten", und gefordert, die „Veteranen" der „Koloniezeit" auszulöschen.

Heute existiert die Siedlung immer noch. Ein wichtiger Grund für das Überleben Eisenheims ist die Tatsache, daß es mehrere Konzepte zur Nutzung des Geländes gab: Die Stadt verfolgte Straßenbaumaßnahmen, unter anderem den Ausbau der B 223 unmittelbar an der Sterkrader Straße, und die HOAG legte einen Bebauungsplan vor, der die Errichtung von Hoch-

häusern vorsah. So gab es unterschiedliche Projekte, die sich gegenseitig behinderten, die verschiedenen Parteien hatten unterschiedliche Interessen und spielten sie gegeneinander aus. Es ging um Einfluß, Wählerstimmen, Machtpositionen und um die für eine Sanierung notwendigen finanziellen Mittel.

Den Eisenheimern, deren Protest gegen den drohenden Abriß sich Anfang der 70er Jahre stärker formierte, gelang es schließlich, Öffentlichkeit und Politiker auf ihre Seite zu bringen - ein spannendes Kapitel Eisenheimer Geschichte!

„Totalsanierung"

Unmittelbar nach dem Zweiten Weltkrieg bestand die dringlichste Aufgabe im Wiederaufbau und der Beschaffung von Wohnraum. Nur jeweils 15 000 DM kostete es, die zerstörten Häuser der Werrastraße und die meisten der Fuldastraße ab 1946 im ursprünglichen Stil wieder aufzubauen. Doch bereits Anfang der 50er Jahre wurden fünf der insgesamt sieben Meisterhäuser an der Sterkrader Straße abgerissen. Man begründete den Abriß der nur zum Teil zerstörten Gebäude mit dem wenig glaubhaften Hinweis auf Kriegsschäden. Die dort errichteten dreigeschossigen Neubauten boten Raum für mehr Wohnungen und brachten somit größere Rendite. Bad und Toilette im Haus bedeutete natürlich auch höhere Mieten. Die kleine Straße, die zu den Hauseingängen führt, wurde daher lange Zeit von den Bewohnern „Marmeladenstraße" genannt, denn ein beträchtlicher Teil des Lohns mußte nun für die Miete aufgewendet werden – anstelle von Fleisch und Schinken gab es daher häufiger Marmelade aufs Brot.

Die Neubauten riefen bei den Eisenheimern Skepsis hervor, allmählich verbreitete sich die Befürchtung, daß früher oder später die gesamte Siedlung abgerissen werden sollte – zu Recht, denn nach Ansicht der HOAG war Eisenheim nicht modernisierungswürdig. Anfang der 60er Jahre starb die letzte Mieterin des Hauses Sterkrader Straße Nr. 175, das sie seit 1931 bewohnt hatte. „Man konnte kaum abwarten, bis meine Mutter gestorben war", so berichtet ihr Sohn, „um unmittelbar danach mit der Spitzhacke anzurücken". Auch die beiden noch verbliebenen Meisterhäuser wurden abgerissen. Die Instandsetzung eines Hauses hätte nach damaligen Schätzungen der HOAG 50 000 DM gekostet, eine Investition, die sich angesichts der ohnehin geplanten „Totalsanierung", das heißt des Abrisses, nicht ge-

Abb. 31. Unmittelbar nach dem Zweiten Weltkrieg mußten die Meisterhäuser modernen Mehrfamilienhäusern weichen.

lohnt hätte. Ende der 60er Jahre wurde dann das Haus Wesselkampstraße Nr. 42, unmittelbar am Bahndamm der Werksbahn, niedergerissen – es sollte das letzte Gebäude sein, daß der Abrißbirne zum Opfer fiel.

„Rettet Eisenheim"

Die Eisenheimer waren entschlossen, sich für den Erhalt ihrer Siedlung und damit ihres sozialen Umfelds zu engagieren. Ein Bergarbeiter argumentiert:

> *„Hier ist alles zu ebener Erde – das Wohnzimmer und der Garten und die Straße. Da biste gleich draußen und drin. Hier kann ich 'rausgehn, auf dem Weg 'rumlaufen, in den Garten, in den Stall, fünfzigmal am Tag, wie ich will."*

Einer der Motoren der Initiative war Professor Roland Günter, der sich von Anfang an intensiv an den Aktionen der Bewohner beteiligte. Der Kunsthistoriker hatte Ende der 60er Jahre im Auftrag der Denkmalpflege historische Architektur in Oberhausen und Mülheim inventarisiert und war dabei auf Eisenheim gestoßen. 1974 bezog er mit seiner Familie eine von ihm renovierte Wohnung in Eisenheim, wo er heute noch lebt. Die Eisenheimer sind sehr stolz auf „ihren Professor", schließlich war es vor mehr als 20 Jahren sehr ungewöhnlich, daß ein Akademiker sein Domizil in einer Arbeitersiedlung aufschlug.

Unter der Leitung von Professor Günter und seinem Kollegen Professor Jörg Boström kam 1972/73 eine Studentengruppe von der Fachhochschule Bielefeld nach Eisenheim. Sie fand in ihren Untersuchungen unter Mitarbeit der Bewohner heraus, daß

die hohe Wohnqualität der Siedlung auf dem dichten Geflecht von sozialen Beziehungen beruht. Aus dem Projekt gingen unter anderem Wanderausstellungen, Filme und Zeitschriftenartikel hervor, und als Ergebnis der zahlreichen Studien entstand das Buch „Rettet Eisenheim". Ermutigt durch diese Erfolge, gründeten die Eisenheimer eine Arbeiterinitiative (AI) gegen den drohenden Abriß, eine der ersten im Ruhrgebiet. Sie entwickelte in den folgenden Jahren eine enorme Aktivität und brachte den Stein ins Rollen: Andere Siedlungen in ähnlicher Lage folgten ihrem Beispiel und bildeten ebenfalls Initiativen, die sich 1974 zur Arbeitsgemeinschaft der Arbeiterinitiativen im Ruhrgebiet zusammenschlossen. Nicht alle waren jedoch letztlich so erfolgreich wie die in Eisenheim.

Der Quartierrat: Selbstverwaltung in Eisenheim

An der Initiative für die Erhaltung der Siedlung beteiligten sich nicht nur wenige Aktivisten, sondern viele Eisenheimer leisteten einen hohen persönlichen Einsatz. Am 27. September 1974 wurde in der Eisenheimer Kneipe Rhöse der „Quartierrat", eine Art Sanierungsgemeinschaft und Vollversammlung aller Bewohner, gegründet. Vorsitzender dieses Rates war Jan Kryniewiecki, nach dessen Tod Willi Wittke. Faktisch wurde er von 30 bis 50 Bewohnern getragen, die sich einmal im Monat trafen, um weitere Aktionen zu planen und ihren Anspruch auf Selbstverwaltung deutlich zu machen. Während der Sanierungsarbeiten waren die Bewohner so direkt an den Entscheidungen über die Veränderungen beteiligt. Seit 1976 gewährleistete die regelmäßig tagende „Technische Kommission", in der neben Vertretern der beteilig-

Abb. 32. Unermüdlich wiesen die Eisenheimer auf ihre verständlichen Forderungen hin, 70er Jahre.

ten Baufirmen, der Stadt und der Wohnungsverwaltung ebenso die verantwortlichen Architekten und der Quartierrat vertreten waren, eine weitgehende Transparenz.

Das erste große Projekt des Quartierrats war der Umbau der drei Waschhäuser. Die Waschhäuser waren 1952 in Betrieb genommen worden. Ausgestattet mit einem Waschkessel, einer elektrischen Waschmaschine mit Wringer sowie einem Spülbecken, konnte jeder Bewohner sie für zwei Mark monatlich in Anspruch nehmen. Doch die Verbreitung der elektrischen Waschmaschine führte dazu, daß die Waschhäuser schon bald nicht mehr genutzt wurden und schließlich leerstanden – ein idealer Versammlungsraum für die Arbeiterinitiative. Im November 1974 bauten dreizehn Vertreter der Initiative das Waschhaus an der Werrastraße zu einem Gemeinschaftsraum um und nannten es „Volkshaus". Ein weiteres Waschhaus

wurde 1976 in ein Kinderhaus umgewandelt. Neben Bastel- und Spielnachmittagen und einer Hausaufgabenbetreuung sollte es auch ein Freizeitangebot an die Jugendlichen darstellen. Allerdings entstanden bald Konflikte, Alkoholmißbrauch und störender Lärm führten mehrmals zur Schließung. Das Jugendhaus war bei den Bewohnern sehr umstritten, wie sich in einer Unterschriftenaktion herausstellte.

**Streit ums Geld:
Wer bezahlt die Zeche?**

Bei ihren Protestaktionen brauchten die Eisenheimer einen langen Atem, denn sie erlebten immer wieder Niederlagen. So stimmte der Rat der Stadt Oberhausen im Dezember 1972 einem neuen Bebauungsplan zu, der den Erhalt nur weniger Häuser vorsah. Doch schon im darauffolgenden Jahr wurde die Siedlung unter Denkmalschutz gestellt. Der Rat beantragte nun die Sanierung nach dem vom Landtag 1971 erlassenen Städtebau-Förderungsgesetz, denn weder die Stadt noch die damalige Besitzerin der Häuser, seit 1969 die August-Thyssen-Hütte, wollten für die Sanierungskosten aufkommen. Für das Städtebau-Förderungsgesetz war das Land zuständig, das die entsprechenden Gelder bewilligen mußte. Die Entscheidung lag nun beim damaligen Innenminister Burkhard Hirsch.

Währenddessen setzten sich die Eisenheimer auf verschiedenen Ebenen für den Fortbestand ihrer Siedlung ein. Sie versuchten vor allem, Persönlichkeiten aus Politik und Kultur auf ihre Seite zu ziehen: So sprach Professor Günter mit Johannes Rau und Günter Wallraf. Bundespräsident Dr. Dr. Gustav Heinemann hob in seiner Rede auf dem Architektentag 1974 das Engagement der Arbeiterinitiative besonders hervor:

> *„Ich erinnere an das Beispiel einer alten Bergmannssiedlung in Oberhausen, deren Bewohner nicht bereit waren, ihre schon fast baufälligen Häuser zu verlassen. Sie wollten die Unannehmlichkeiten einer schlechten Kanalisation und außenliegender Toiletten in Kauf nehmen, um nicht ihre gewohnte Umgebung zu verlieren. Sie wollten ihre Nachbarschaft behalten, ihren noch so kleinen Garten und vor allem auch ihre Tauben. Es waren also gar nicht einmal die höheren Mieten, die sie anderwärts zu bezahlen gehabt hätten. Es waren die unmittelbaren menschlichen Bedürfnisse, die sie gegen eine Umsiedlung protestieren ließen."*

Wenige Wochen später empfing er eine Delegation von Bewohnern, die ihm das Eisenheim-Buch überreichte. Einige prominente Gäste statteten den Eisenheimern sogar einen Besuch ab, dazu gehörten Robert Jungk und Max von der Grün. Die damalige Oberbürgermeisterin Luise Albertz versicherte 1975 in Eisenheim, daß sie ihr Versprechen, die Siedlung zu erhalten, einlösen werde. Da das Innenministerium und das Ministerium für Arbeit, Gesundheit und Soziales unter Friedhelm Farthmann offensichtlich die Bewilligung der Gelder blockierte, bekräftigte der damalige Oberhausener Stadtverordnete Heinz Schleußer 1976 gemeinsam mit der Oberbürgermeisterin, Eisenheim notfalls auch ohne Landesmittel zu sanieren.

Als Burkhard Hirsch schließlich im Januar 1976 nach Eisenheim kam, gab er nicht die erhoffte Zusage für eine finanzielle Unterstützung durch das Land. Sein Besuch war von Protestaktionen der Eisenheimer begleitet. Minister Farthmann hatte ihm allerdings eine neues Argument geliefert: Man könne die Bewohner nicht der hohen Luftbelastung durch die nahe Kokerei aussetzen – eine Begründung, die schnell widerlegt wurde. Das Gesundheitsamt der Stadtverwaltung erklärte, daß Eisenheim aufgrund der Windverhältnisse nur selten von den Abgasen der Kokerei betroffen und die Belastung daher verschwindend gering sei. Minister Farthmann mußte seine Bedenken wegen der Kokerei-Emissionen zurücknehmen.

Doch es galt nicht nur, die Einwände der Ministerien auszuräumen, auch die von seiten des Regierungspräsidenten aufgebauten verwaltungstechnischen Hindernisse mußten überwunden werden. Zeitgleich mit der Sendung „Hallo Ü-Wagen" von Carmen Thomas, die Eisenheim im Februar 1977 als Thema und Standort der Übertragung ausgewählt hatte, kam schließlich die lange erwartete Zusage des Innenministers. Das entsprach der Taktik der Initiative, die schon sehr früh die Bedeutung von Medien und Öffentlichkeitsarbeit erkannt hatte. Durch zahlreiche Dokumentarfilme und Fernsehdiskussionen, Zeitungsartikel und öffentliche Diskussionen war Eisenheim bekannt geworden.

Eisenheim lebt

Als im Oktober 1977 der offizielle Bewilligungsbescheid über die Landesmittel eintraf, wonach die Stadt und die Eigentümerin gemeinsam 15 Prozent der Baukosten übernehmen mußten, waren die Vorbereitungen für die Baumaßnahmen bereits angelaufen. Dabei traten allerdings immer wieder Probleme auf. Die Bewohner waren – aufgrund ihrer Erfahrung nicht zu Unrecht – skeptisch geworden und protestierten gegen den Umfang und die enormen Kosten der Sanierungsarbeiten. Außerdem wehrten sie sich dagegen, während des Umbaus aus ihren Häusern ausziehen zu müssen. Man einigte sich darauf, zunächst ein Musterhaus an der Berliner Straße zu modernisieren und diskutierte verschiedene Grundrißlösungen. Ende 1977 begann nun endlich die Kanalisierung und auch die Gebäudesanierung, die die Eisenheimer bis zum Abschluß der Maßnahmen Ende 1980 kritisch verfolgten. Als die Bewohner schließlich ihre Wohnungen wieder beziehen konnten, erhöhten sich die Mieten beträchtlich. 1975 betrug die durchschnittliche Miete für eine Dreizimmerwohnung in Eisenheim circa 70 DM, rund 1 DM pro Quadratmeter, nach der Sanierung dann 2,80 DM. Der heutige Quadratmeterpreis von etwa 5 DM liegt allerdings immer noch unter dem Mietspiegel.

Nicht nur an den Sanierungsmaßnahmen waren die Eisenheimer aktiv beteiligt, auch die Idee, im dritten Waschhaus an der Berliner Straße eine Ausstellung über das Leben in Eisenheim zu zeigen, kam von den Bewohnern selbst. Mit den Möbeln einer gerade aufgelösten Wohnung richteten sie 1979 eine typische Arbeiterwohnung ein. Und auch weiterhin sicherten sie unermüdlich alte Gebrauchsgegenstände, die sich im Laufe der Jahre und Jahrzehnte bei den Eisenheimern angesammelt hatten.

1989 übernahm das Rheinische Industriemuseum die bis dahin ehrenamtliche Museumsbetreuung auf ausdrücklichen Wunsch der Arbeiterinitiative. Dazu gehörte natürlich auch die umfangreiche Sammlung. Im Sommer 1990 wurde eine Ausstellung über die Geschichte Eisenheims eröffnet, die auf dem neuesten wissenschaftlichen Forschungsstand basierte. Das 150jährige Jubiläum der Arbeitersiedlung Eisenheim hat das Rheinische Industriemuseum zum Anlaß genommen, diese Ausstellung neu zu gestalten.

Abb. 33. Jan Kryniewicki, Willi Wittke und Roland Günter im Gespräch, 70er Jahre.

Abb. 34. Bei den zahlreichen Diskussionsabenden
der Initiative waren viele Bewohner vertreten,
70er Jahre.

*Abb. 35. Burkhard Hirsch, Innenminister des
Landes NRW, bei seinem Besuch in Eisenheim,
Januar 1976.*

Abb. 36. Hausaufgabenbetreuung im Kinderhaus, dem ehemaligen Waschhaus an der Eisenheimer Straße, ca. 1976.

Abb. 37. Die Werkstatt Eisenheim, eine soziokulturelle Einrichtung, befindet sich seit Anfang der 80er Jahre in der ehemaligen Brotfabrik auf der Fuldastraße. Mit ihren zahlreichen Aktivitäten ist sie ein fester Bestandteil Eisenheims geworden.

Abb. 38. In der vom WDR im Januar 1976 übertragenen Diskussion „Ende offen – Arbeiter kämpfen um ihre Wohnsiedlungen" prallten die unterschiedlichen Meinungen der Betroffenen und Beteiligten aufeinander, 70er Jahre.

Abb. 39. Die Eisenheimer verstehen es, zu feiern.
Die Straßenfeste sind besonders beliebt,
70er Jahre.

*Abb. 40. Während der Umbauarbeiten wohnten
die Eisenheimer zeitweise in Wohncontainern am
Bunker, ca. 1979.*

Abb. 41. Eisenheimer Straße, Blick auf die Rückfront Wesselkampstraße, 1971.

I Archive

Stadtarchiv Oberhausen

Pfarrarchiv St. Pankratius, Oberhausen

Stadtbibliothek Essen, Zeitschriften

Rheinisch-Westfälisches-Wirtschafts archiv
zu Köln, RWWA

Bergbau-Archiv Bochum

Verein Deutscher Eisenhüttenleute, Düsseldorf,
VDEh

Staatsarchiv Münster

Hauptstaatsarchiv Düsseldorf

Rheinisches Amt für Denkmalpflege, Pulheim

Quellen und Literatur

Paulinyi, Akos: Das Puddeln. Ein Kapitel aus der Geschichte des Eisens in der industriellen Revolution, München 1987.

Banfield, Thomas C.: Industry of the Rhine, Bd. 2, Reprint New York, 1969.

Die Anfänge der Schienenherstellung auf der GHH. Auszug aus der GHH-Werkszeitung 1930.

Erlebnisse des Walzwerks Oberhausen in den letzten 50 Jahren. Auszug aus der GHH-Werkszeitung Nr.7/1935.

Fröhlich, Fr.: Die Werke der Gutehoffnungshütte. Aktienverein für Bergbau und Hüttenbetrieb in Oberhausen und Sterkrade, Berlin 1902.

Gebhardt, Gerhard: Ruhrbergbau. Geschichte, Aufbau und Verflechtung seiner Gesellschaften und Organisationen, Essen 1957.

Reif, Heinz: Die verspätete Stadt. Industrialisierung, städtischer Raum und Politik in Oberhausen 1846-1929, Köln 1993.

Schücking, Levin: Von Minden nach Köln, Leipzig 1856.

Werkszeitung der Gutehoffnungshütte, 10. Jahrgang / Nummer 18, 25. August 1934.

Bildnachweis

Titelfoto: Privatbesitz Heinrich Giesen

1. Rheinisches Industriemuseum, RIM

2. Stadtarchiv Oberhausen

3. RIM

4. RIM

5. Verein Deutscher Eisenhüttenleute, Düsseldorf (VDEh)

6. Privatbesitz Heinrich Giesen

7. Rheinisch-Westfälisches Wirtschaftsarchiv, Köln (RWWA)

8. RIM

9. RIM

10. Stadtarchiv Oberhausen

11. RWWA

12. RWWA

13. Stadtarchiv Oberhausen

14. Stadtarchiv Oberhausen

15. Stadtarchiv Oberhausen

16. RIM, Eisenheim-Archiv, Kulturstiftung Amarcord Prof. Roland Günter/Janne Günter (RIM, Eisenheim-Archiv)

17. Bergbau-Archiv Bochum

18. RIM

19. Privatbesitz Herbert Rettweiler

20. RIM

21. RIM

22. Privatbesitz Heidi Ramljak

23. Privatbesitz Lore Kellerhof

24. Privatbesitz Herbert Rettweiler

25. RIM, Eisenheim-Archiv

26. Privatbesitz Adolf Brandt

27. Sammlung Karl-Heinz Konopka

28. Privatbesitz Heinrich Giesen

29. Privatbesitz Heidi Ramljak

30. RIM

31. Privatbesitz Erhard Gerhards

32. RIM, Eisenheim-Archiv

33. RIM

34. RIM, Eisenheim-Archiv

35. RIM, Eisenheim-Archiv

36. RIM, Eisenheim-Archiv

37. RIM, Eisenheim-Archiv

38. RIM, Eisenheim-Archiv

39. RIM, Eisenheim-Archiv

40. RIM, Eisenheim-Archiv

41. Rheinisches Amt für Denkmalpflege, Pulheim